财务标杆是如何炼成的

——红沿河核电站
对标国际一流管理提升行动
经验总结

孙瑞兴 主编

大连理工大学出版社
Dalian University of Technology Press

图书在版编目(CIP)数据

财务标杆是如何炼成的：红沿河核电站对标国际一流管理提升行动经验总结 / 孙瑞兴主编． -- 大连：大连理工大学出版社，2023.12
ISBN 978-7-5685-4640-9

Ⅰ．①财… Ⅱ．①孙… Ⅲ．①核电工业－工业企业管理－财务管理－经验－大连 Ⅳ．①F426.23

中国国家版本馆 CIP 数据核字(2023)第 197645 号

CAIWU BIAOGAN SHI RUHE LIANCHENG DE:
HONGYANHE HEDIANZHAN DUIBIAO GUOJI YILIU
GUANLI TISHENG XINGDONG JINGYAN ZONGJIE

大连理工大学出版社出版

地址：大连市软件园路 80 号　　邮政编码：116023
发行：0411-84708842　邮购：0411-84708943　传真：0411-84701466
E-mail：dutp@dutp.cn　　URL：https://www.dutp.cn
辽宁新华印务有限公司印刷　　　大连理工大学出版社发行

幅面尺寸：139mm×210mm	印张：5.375	字数：116千字
2023 年 12 月第 1 版		2023 年 12 月第 1 次印刷

责任编辑：李舒宁　　　　　　　　　　责任校对：张　泓
　　　　　　　　　　封面设计：邹　晶

ISBN 978-7-5685-4640-9　　　　　　　　　　定　价：40.00 元

本书如有印装质量问题，请与我社发行部联系更换。

编委会

（按姓氏首字母排序）

主　编
　　孙瑞兴

副主编
　　陈明达　李晓玲　熊　琦　晏友蒙　杨高灿
　　袁　兴　于仲遂

编委组
　　陈加祥　陈　曦　孙月枫　佟圣旭　王　硕
　　王雪珂　徐启明　周　琳

编　委
　　柏姣尉　陈　晨　陈思秋　樊　磊　付　嘉
　　盖滋梓　郝　莉　赫容榕　胡亚男　黄立业
　　孔令宝　黎成英　李　岑　李丹阳　李　盈
　　林景鹏　卢红焱　卢秋雨　卢　山　马　璎
　　彭　菲　彭　敏　彭雯雯　曲晓晨　沈　鑫
　　司　博　司宇涛　宋小丹　孙爱军　孙　琦
　　王　欢　王雅威　王亚芬　许春雨　许　鹏
　　杨　柳　张曦予　赵利明　赵梦姣　周嘉伟
　　朱　红

前言

本书为辽宁红沿河核电站财务领域获评中国广核集团对标国际一流管理提升行动的经验总结。辽宁红沿河核电站财务部坚持党建引领、价值创造，以系统思维推动党建和业务深度融合，建立具有红沿河特色的财务战略品牌，秉承"想干事、能干事、会干事、干成事"的理念，打造"诚信、专业、主动、高效"的价值创造团队，在预算、成本、资产、税务、融资等领域勇于创新，团结拼搏，为公司高质量可持续发展贡献财务力量，成为系统财务管理标杆。

核电企业的合规经营、可持续发展，有赖于国家的政策支持、和谐的政企交流、有序的行业监督、顺达的厂网联系。在财务领域的工作中，红沿河核电站十分重视与财政部大连监管局，大连市及瓦房店市财政局、税务局，辽宁省发展和改革委员会价格处，辽宁省电网公司的交流互动，实现增值税退税、电价管理、电费回收等重点工作的长足发展，红沿河核电站打造的财务领域标杆离不开政府各部门及电网公司的支持。

投之以桃、报之以李。今后红沿河核电将继续以高质量的安全稳定运营、合法合规追求精益的企业管理,为地方、行业、辽宁的绿水青山承担核能企业责任,贡献大国重器力量。

编者

2023 年 7 月

「目录」

第一篇　扎根业务　稳打基础　　1

千方百计，多措并举——财务成本压降结硕果 / 3

严慎细实——会计信息质量稳步提升 / 8

加强会计基础工作出新招，引入供应商独立评审创奇效 / 13

严谨细致，万无一失——核安全文化赋能出纳工作
　高质量发展 / 15

第二篇　攻坚克难　价值创造　　23

永不言弃——全面攻克二期分立 / 25

深耕细作——关于落实财税优惠政策的那些事 / 37

十年磨一"建"——基建工程财务竣工决算工作立标杆 / 45

财务标杆是如何炼成的
——红沿河核电站对标国际一流管理提升行动经验总结

第三篇 成本控制 精准高效　　53

成本管理及标准化建设 / 55

成本执行信息化预警 / 61

提质增效，精益化管理五年攻坚行动谋新篇 / 65

管理费用标准 / 72

第四篇 创新思维 战略引领　　75

标新立异——电力营销中的财务创新 / 77

守正创新——大修成本核算资本化创新之路 / 84

规划先行，特色财务战略引领作用凸显 / 90

规范化开展工程改造项目财务管理，助力核能应用新场景 / 96

第五篇 业财融合 提质增效　　101

财务信息化建设 / 103

优化报销工作，投用新版 UPM 流程 / 108

创新资产管理工作方法，深入实际，助推提质增效 / 112

第六篇 特色党建 相融并促　　　　　121

不忘初心,牢记使命——红沿河公司财务党支部自述 / 123

春风化雨,温暖人心——财务分工会工作剪影 / 132

附　录　　　　　147

附录1 风雪夜归人——记公司财务部经理孙瑞兴 / 149

附录2 红财精神,薪火相传 / 156

扎根业务
稳打基础

第一篇

千方百计，多措并举
——财务成本压降结硕果

继2020年推出宽松货币政策以来，2021年我国相继推出一系列"稳经济、稳增长、宽信用、宽货币"的财政政策。美国联邦储备委员会未来加息势在必行，当中美利差不能维持在一个相对稳定的水平时中国国内利率有可能上行，所以在未来不确定的情况下，辽宁红沿河核电有限公司（简称"红沿河公司"或"公司"）财务部抓住当下有利时机，精准发力，2021—2022年获取了大量优惠利率贷款，不仅有效保障了公司的资金安全，同时大幅降低了财务成本。这些成绩的取得得益于一支能打仗、会打仗、打胜仗的党员攻坚队——资金与核算模块党员攻坚队。接下来我带着大家一起细数2021—2022年他们都做了哪些努力，取得了什么硕果，在精益化管理方面又有哪些金点子。

一、多措并举降低财务成本

内部情况方面，公司存量贷款规模大，还本付息压力大，日常资金需求较大，在电费收入一定的情况下需新增融资方能保障资金安全，同时还需努力实现降低财务成本的目标，资金与核算模块党员攻坚队在重重压力下面临着较大挑战。

财务标杆是如何炼成的

——红沿河核电站对标国际一流管理提升行动经验总结

此外,2020年国家能源局变更了电费结算方式,电费回收期延长,2020年全年平均开票比例为30%,在某种程度上扩大了融资规模,更不利于降低公司财务成本。宏观经济方面,宏观经济下行,资金使用用途受严格限制,增加了资金管理难度。

《论语》中有句话:"取乎其上,得乎其中;取乎其中,得乎其下;取乎其下,则无所得矣。"意思是,一个人制定了高等目标,最后有可能只达到中等目标;而如果制定了一个中等目标,最后有可能只能达到低等目标;如果一开始就制定的是低等目标,就可能什么也达不到。这句话告诉我们,无论是治学还是立事,一定要志存高远,并为之努力奋斗,才能达到目标。这一年党员攻坚队直面困难,迎难而上,在年初就制订了一系列的实施计划:测算各种数据、拟订融资方案、准备汇报材料等,不知经历了多少个不眠之夜。功夫不负有心人,在领导的精准决策、党员攻坚队全力以赴的努力下,2021年实现了综合资金成本率较2020年下降1.6%,远远超过年初制定的下降0.05%的目标,圆满完成了年度工作任务。

二、审时度势,相机而动,贷款置换降成本

党员攻坚队深入挖掘成本动因,精益管理,积极同银行一道研究相关政策。2021年党员攻坚队共获取多笔超低利率贷款,节约财务成本数亿元。在精益化管理方面,我们通过资产负债表呈现出来的财务结构来判断财务结构是否稳健,进而研究贷款置换结构。

融资和投资是公司重大的财务活动和经营活动。融资的目的在于投资,投资的结果表现为企业的不同资产分布。无论是从经济实质还是会计等式上看,公司的融资(资金来源)在总量上等于公司的投资(资金占用)。由于资金来源与资金占用性质和特点不同,二者的适应性可能存在差异,会对公司财务健康状况造成不同的影响。由于资产结构和资本结构的不同适应性表现,资产负债表呈现出保守型、稳健型、风险型三种结构类型。

保守型结构是指公司全部或绝大部分资产的资金来源于长期资本。保守型结构的主要标志是公司全部资金来源依赖于长期资本,即长期负债和所有者权益。也就是说,公司的流动资产,特别是临时性占用流动资产,不仅占用了流动负债,还占用了长期负债或所有的权益资金。这种类型的财务结构的最大优点是财务风险低,但缺点是由于全部资本几乎是长期资本,因此资金成本高。同时,由于资金使用保守,更多的资金停留在收益率较低的资产上,长远看,财务杠杆弹性不足,公司发展的后劲会受到影响。

稳健型结构是指公司的长期资产和永久性占用流动资产的资金来源于长期资本,临时性占用流动资产的资金来源于流动负债。稳健型结构的主要标志是公司的临时性占用流动资产和长期资产(包括永久性占用流动资产)与流动负债和长期资本分别对应。这种类型的财务结构的最大优点是资金的来源与应用相对应,财务风险较小,与保守型结构相比,长期负债成本相对较低。同时,由于流动资产与流动负债符合流动比率的一般要求,对流动负债的偿还比较有保

财务标杆是如何炼成的
——红沿河核电站对标国际一流管理提升行动经验总结

障,又比较充分地运用了资金,因此财务比较稳固。

风险型结构是指公司的长期资产的资金部分来源于流动负债,即流动负债不仅用于满足流动资产需要,还用于满足部分长期资产的资金需要。风险型结构的主要标志是公司的短期流动负债长期化使用,也就是短债长用。这种类型的财务结构由于流动负债高于流动资产,因此会使公司面临较大的支付压力,财务风险较大。相对于其他财务结构类型来说,这种类型的资本可能成本较低,但如果不能采取有效措施解决公司短期偿债能力,那么公司随时可能由于流动性出现问题而发生财务危机。这种财务结构类型只适用于公司资产流动性好且经营现金流充足的情况,长远看不宜采用。

当然,不同的财务结构体现了公司不同的融资偏好与投资分布,对公司偿债能力有重要影响,所以我们在分析财务结构的同时,还需要考虑融资的不同来源,并结合公司的不同资金运用情况,进而研判公司融资弹性和资产流动性,借此更为准确地评估投资和融资状况对债务偿还能力的影响。

无论分析形式如何多样,都有两个关键的因素:一是期限匹配,二是风险配置。理想的状态是,短期资产应当与短期融资来源相匹配,长期资产应当与长期融资来源相匹配;风险水平越高,财务结构中的净资产比重应越高。

有了上述的理论基础,结合公司日常实际情况,我们考虑了两个分析关键因素:重视期限匹配和风险配置原则,临时性占用部分通过流动资产配置。虽然公司不具备自主进口核燃料的资质,但是通过对政策的解读及相关代理方的配合,经过近 6 个月的反复沟通谈判,最终成功获取超低利率水平贷款 10 亿元,不仅刷新了红沿河公司贷款利率水平新低,同时为集团内其他基地相关业务的拓展开辟了新的思路,累计节约财务成本逾 1 000 万元。

严慎细实
——会计信息质量稳步提升

在同事的共同配合下,随着决算报表和审计报告定稿的出具,财务决算工作圆满完成,报表质量稳步提升。我们持续按季度开展往来清理,随着大金额、长账龄款项的清理完成,公司债权债务风险显著降低,通过全面会计稽核等方式,推动会计信息质量稳步提升。

在工作开展过程中,为提升报表质量和往来清理效果,综合模块从相关业务实际出发,梳理并分析了部分关注点和提升点,对业务执行产生了较好影响。

一、报表提升方面

(一)SAP相关

企业管理解决方案系统(Systems Applications and Products in Data Processing,SAP)作为财务核算软件自2012年投入使用以来,始终扮演着最熟悉的陌生人,让使用者有时频频点头,有时束手束脚,归根到底,是对它了解得不够深入。字段和主数据上,填哪个、空哪个、为什么填、为什么空、填了会怎样、不填又怎样,仍然存在知其然不知其所以然的情况,因为未知,怕有不可逆后果,所以不敢尝试;查询功能上,SAP 有许多查询代码可供使用,虽不能满足全部工作需要,但也相对完善,所以目前仍在手工识别整理的信息可以真正尝试看能否用 SAP 直接查询获取。诸如此类的情况有很多,最根本的解决办法还是"学起来、用起来":

1. 在 EP2 测试系统中活学活用,满足好奇心。

2. 对照 SAP 事务代码清单,大胆尝试。

3. 经常拨打 SAP 咨询顾问的电话。

4. 加强与其他核电公司同事的沟通与交流。

5. 对良好实践进行记录,避免有益经验在轮岗时的口口相传中遗失。

(二)会计核算相关

从报表质量上看,会计核算工作的准确性和完备程度一直在提高,但仍有几个小问题需要关注。

1. 慎重选择二级科目。二级科目的选择虽然不会影响主表数据,但是会影响会计附注表,如果半年报和年报中有问题会十分显眼。

2. 改正喜欢用"其他"的习惯。无论是科目选择还是数据填列,都应避免滥用"其他",尤其是当金额巨大时,更应警醒。

3. 慎用参考凭证做账。务必选择合适的可参考凭证,并结合当前实际情况修改与复核各字段。每次选择错误的参考凭证,都会在错误的道路上越走越远,最后只能是积重难返。

4. 养成跟踪与复核凭证的习惯。对需要进行后续处理的凭证,要做好记录。本月处理过的凭证月底要进行集中复核。

5.新类型账务、重要账务、特别复杂账务的处理应征求资金与核算模块主任意见,与总账岗位保持沟通,不能模棱两可就直接入账。

(三)台账相关

各岗位人员手中或多或少有自己的线下台账,关于台账管理,尤其是有使用时间要求的台账一定要及时更新,台账数据与 SAP 对应数据应一致,至少要有明确不变的逻辑关系,不一致的台账毫无可用性。台账内数据最好建立计算关系,应建未建的台账应尽快启动建立。

(四)外审事务所相关

外审事务所是诤友,是帮助公司财务部更准确完成会计工作的服务提供方,对其态度应有理有节,应该提供的资料要及时准备并提供,需要沟通的事宜在合理的前提下可以适度坚持。重中之重是,要具备判断哪些业务应该与外审事务所保持沟通的能力,并务必就这类业务与外审事务所开展事前、事中、事后沟通,尤其是事前沟通。

二、往来清理方面

坚持按季度开展往来专项清理,坚持清理全部往来账务,逐笔确定财务承办人与合同承办人,并按季度组织"财务-合同"经理层专项沟通会,明确清理重点,研讨清理难点。

针对长账龄预付款按自主国内采购、自主国外采购、委托备件中心采购进行分类,按类别明确清理办法,有的放矢,清理效果显著,后续该举措常态化进行。

针对长期挂账债权类往来,尤其是外部债权,实行重点关注、及时跟踪、持续督办的方法,确定清理办法,待时机成熟时完成清理。

针对应付类往来中个别供应商往来科目存在负数余额的现象,主要是受一期外币尾款结算尚未完成的影响所致。一期竣工决算时,外币尾款统一计提在一次性供应商中,但是在后续付款时则先行通过各供应商过渡,导致负数产生。已确定清理办法:实际执行待外币完成全部支付后进行对冲。

三、会计稽核方面

2020年,公司财务部提出要加强会计稽核管理工作,进一步提高会计核算管理质量,将抽取10%稽核改为全面稽核,稽核工作全员参与。在对常规的会计凭证、专项业务进行会计稽核的基础上,根据公司经理部"积极开展会计稽核'回头看'工作"的要求,将近两年来稽核发现的问题凭证重新确认整改完成情况,以确保稽核整改跟踪到位。

全面稽核会占用一部分工作精力,但从长期来看还是具备很多优势的。全面稽核一是有利于建立一道重新审视会计业务的屏障;二是对业务人员形成监督机制,增加会计违规的心理风险;三是全员参与有利于使全员交叉了解新业务,形成交叉监督。

同时,针对稽核中发现的问题不多、普遍性、简单化的情

财务标杆是如何炼成的
——红沿河核电站对标国际一流管理提升行动经验总结

况,公司财务部整理汇总出历年稽核问题并对照《会计稽核管理》程序中稽核规范要求进行整改。组织部门业务培训,总结稽核工作审核要点。理论与实践结合,标准与问题对照,拓宽稽核人员发现问题的思路,并且进一步提高会计稽核工作质量,加强会计核算和监督职能,有效防范财务内控风险。

2020年8月,红沿河财务核算SAP与金蝶财务软件并行运行,总、分公司拆分核算,有些业务在SAP环节的入账方式没问题,但在金蝶财务软件就产生了问题;有些业务从SAP角度很难发现问题,但在金蝶财务软件拆分核算时就暴露出了问题,并且很多问题直接影响到所得税的缴纳,实际影响了公司利益及合规性。全面稽核可以挖掘出一些典型问题,进而采取整改措施,针对同类多发问题也通过经验反馈等方式降低重发概率,整体对红沿河财务的合规性做出了积极贡献。

全员参与稽核不可避免的一个问题就是每个人的专业技能、知识储备、责任意识不同,这也会对稽核的质量引入不可控因素。改进方式:一是通过人员技能培训,提升稽核水平;二是通过稽核回头看,督察稽核质量及稽核整改情况。总体来说,对于现阶段的红沿河财务,全面稽核利大于弊,还需要继续推动落实。

加强会计基础工作出新招，引入供应商独立评审创奇效

为了加强会计基础工作、充分发挥会计监督职能，公司财务部强化了内控管理职责，将内控管理工作贯彻到会计核算、制度建设、预算管理、合同采购等环节。在规范会计基础工作的同时，将财务管理工作前置到合同采购环节，通过财务管理严格把控合格供应商的引入，从而降低经营风险，帮助企业降本增效。

结合公司2022年"我为程序挑挑刺"管理提升专项活动要求，我们对公司合同与采购管理、招标管理等相关程序进行"挑刺"，发现了审核层级低、缺乏集体决策等流程缺陷。通过对标及结合各基地调研成果，我们建议公司对现行的招标管理、财务授权管理等程序进行适应性修改，增加集体决策权，加大招标、定标工作的管理细度和监管力度。

公司财务部创新性地提出独立完成供应商引入及复审工作，把财务考核指标从原来的商务加财务混合考核中独立出来。同时对相关指标进行细化，科学、客观地完成相关评审工作。财务指标的单独考核，真实、准确地反映了企业的实际经营情况，客观地评价了企业的实际经营能力和合作能力。淘汰了一批资不抵债、现金流动性差、欠税欠薪等财务指标异常的供应商，规避了因企业经营混乱、资金短缺等原

财务标杆是如何炼成的
——红沿河核电站对标国际一流管理提升行动经验总结

因导致无法正常履行合同,从而影响公司正常生产经营的风险。

公司财务部通过与财务指标合格的供应商合作,降低了公司在招投标中围标、串标及无法正常履行合同的风险,有效保障企业合法合规经营。同时,这样可以取得更加合理的合同价格帮助企业降本增效,增加企业利润。

严谨细致，万无一失
——核安全文化赋能出纳工作高质量发展

党的二十大报告指出："立足我国能源资源禀赋，坚持先立后破，有计划分步骤实施碳达峰行动。""加快规划建设新型能源体系，统筹水电开发和生态保护，积极安全有序发展核电。"红沿河公司作为国务院国有资产监督管理委员会最终控制的中央企业，负有在构建新发展格局中展现新作为、以国有企业改革实现国有经济高质量发展的重要责任。红沿河公司财务部坚决贯彻落实习近平总书记进一步推动国有企业改革向纵深发展的重要指示："必须理直气壮做强做优做大，不断增强活力、影响力、抗风险能力，实现国有资产保值增值。"

时任出纳立足现状、着眼长远，以一线工作经验锻造出的系统化思维，借助财务电算化、信息化的有力工具，引领出纳工作在前人基础上推陈出新，在集团与公司程序框架内提出新观点，采取新举措。从材料审核、现金流管理、档案管理、账户管理、保函管理、业务信息化构建、信息安全保障、审查与监督、学习与提升等方面不断优化出纳工作，实现系统化管理，坚决守护资金安全红线和廉洁从业底线。真正做到

财务标杆是如何炼成的
——红沿河核电站对标国际一流管理提升行动经验总结

"凡事有章可循,凡事有人负责,凡事有人监督,凡事有据可查",让核安全文化在财务领域焕发新的生命力。

一、材料审核程序化,审核要点全面化

支付申请材料和会计凭证是办理支付最重要的依据,常见的境内合同支付申请材料有发票、支付申请函、服务验收证书或资产存货验收证书等;境外合同支付申请材料可能还包括海关报关单、双语合同、支付关键翻译页等;无合同(差旅)报销支付申请材料还有缴款申请单、缴费通知单、报销事项收款人信息汇总单等;海关关税支付申请材料要有相应审批表;工会支付申请材料要有审批表、发票和活动开展原始凭证等。面对如此多的申请材料,有必要对其划分类别,如境内服务合同支付、境内货物合同支付、境内报销支付、境内外币支付、境外外币支付、海关关税支付、工会支付等。不同的支付类型具有不同的审查侧重点,明确每个支付类别的审查标准并在出纳支付手册中固化,从而实现快捷安全地完成支付指令录入。

每一笔支付中的每个单据审查合格是本次支付能够通过审批的充分必要条件,即若其中一项存在疑问,则该笔支付不能通过,并需要立即与支付发起人或相关上游审核人员取得联系,核实情况消除支付隐患。例如,对于常见的合同支付申请,需要对支付账户的唯一性进行审查,核对发票、支付申请函、统一工作流管理(Unified Process Management,

UPM)系统中工作流供应商账户信息三者是否一致,若存在差异则应当核实情况,必要时退回支付流程并要求在单据正确的基础上重新扫描上传影像。"见微知著"是一线电厂巡视的优良传统,以质疑的工作态度不放过每一个异常现象,才能够真正让核安全落到实处。出纳岗位同样如此,全面审查看似烦琐,但是偏差总是在认真识别后才显露出来,在熟练应用后效率提升,更能够兼顾安全与效率。

二、收付实现严慎化,指令单据信息化

出纳岗位本质上是对公司现金流及其相关信息的管理,在申请材料审查完毕后,出纳需要按照正确的收款账户信息录入支付指令。目前,公司的境内人民币支付基本统筹于集团财务公司网银系统,少量通过外部商业银行网银系统支付。在录入指令时,严格按照"只搬运不创作"的原则进行操作,将 UPM 工作流中的供应商账户信息、会计凭证记录的支付金额完整、准确地复制到网银系统上,确保前面审查合格的支付信息的安全性完整迁移至网银系统上。

外币支付(境内、境外)和票据支付具有特殊性,需要填写纸质单据进行支付,因此应当格外注意转写的风险。为解决这一问题,现任出纳创新性地引入银行级打印系统,与银行保持同一操作规范,采用机打票据的形式将外币支付单据的转写风险控制在与网银支付同一水平内,在实操时应格外注意打印溢出效应,即可实现兼顾安全与效率。票据转写借鉴运行规程采用"三读法"控制风险,出纳在转写时读一遍,

自行核查时读一遍,上级复核时至少再读一遍,同时票据支付常用于公司同户名资金调拨,因此能够将支付风险控制在合理范围。再通过资金主任(复核)岗位和总会计师岗位的两次审批,确保每一笔支付万无一失。同时,注意保持支付所需的印章加盖工作谨慎细致,保证印记清晰、完整、无晕染,在单据交付前与银行经办人员联系核实单据合规性,避免二次返工,提高支付效率。

三、银行回单规范化,账户回执档案化

当前,公司银行回单分为集团财务公司回单和外部商业银行回单两大类。对于集团财务公司回单,需要进行电子归档。在录入支付指令时,将每一项支付指令与会计做账唯一凭证号进行绑定,在电子归档时直接将电子凭证按照年份和会计凭证号进行归档,节约了支付事后查找月度汇总匹配的时间,真正实现了回单即来即归档,将库存管理中的准时制生产方式(Just In Time,JIT)用于出纳回单电子归档工作。对于外部商业银行回单,则从集团资金管理系统定期导出交易明细并打印,按照交易明细逐笔打印回单并勾选记录,保证每一张回单只被处理一次,避免了银行回单确认重复的错误。打印的交易明细进行归档保存,保证回单打印工作的连续性和可追溯性。

公司账户数从初创期的数个成长到今天商运期的数十个,给账户管理工作带来了新的挑战。在账户使用和维护过程中会产生大量业务办理回执,若不加以管理,则长此以往

对单据的保管和查阅都会造成困难。对此,现任出纳提出按照银行开户行划分银行回执,每个开户行建立一个档案,档案内部再按照不同账号进行管理,借此提高了回执管理质量,进一步方便了文档读取与查阅。

四、银企关系亲清化,担保保函电子化

保持亲清银企关系是开展高质量出纳工作的前提。在办理账户开立、修改信息、增加删除业务功能、网银维护、账户销户等业务时均需要与银行进行对接,因此需要格外重视与银行机构专员关系的维护,如参与财务党支部党建活动、工会活动等,以及注意使用礼貌规范用语、保留聊天记录等,均有助于实现亲清银企关系。这一良好习惯能够为增强自身业务的可解释性提供重要依据,为廉洁从业提供有力支持与保障。

公司财务部坚决守住金融风险底线,原则上不对外开立保函,仅接收供应商开立的保函,在收到保函后由出纳进行核实、登记并保管。现任出纳创新档案保管方式,将纸质保函登记文件与电子保函登记文件相结合,利用信息化手段实现保函全寿期电子跟踪,保证在查阅、监管中第一时间知悉保函最新状态并反馈,为财务电算化、信息化提供落脚点。

五、业务文件信息化,信息安全具象化

出纳岗位接口众多人员,如直属领导、公司员工、银行专

员、UPM工作流人员等,因此对任务的跟踪与落实是日常工作的重要组成部分。现任出纳充分利用公司内部邮箱系统,以收件箱为任务集散中心,建立邮件收发规则,使重要邮件在收件箱内留存,其他邮件自动归档。同时对重要邮件按重要性进行排序,对不同重要等级的邮件设定不同颜色标识。同时,将全部任务在收件箱内展示,在完成任务后手动归档至相应分类文件夹中。每个工作日定期对任务进行梳理并记录最新进度,确保任务不丢失、进度可跟踪。

在财务信息化日益重要的今天,信息安全要摆在更加显著、具象的位置上。从出纳岗位看,一般系统控制层面的安全性包括操作系统安全、网银浏览器安全、业务文件安全等方面;应用系统控制层面的安全性包括网银支付环境安全、办公软件安全等方面。对此,出纳岗位需要保持高度敏锐,在出现安全水平明显下降的情况时,应立即中止支付业务,排查隐患,解决故障,必要时联系集团信息化工作人员。还要与集团财务公司保持联系,对支付过程中发生的异常保持警惕并进行反馈,督促相关工作组进行处理,并根据可能存在的隐患等级汇报给相应层级领导。日常工作中应保持良好的操作习惯,及时删除过程性冗余文件,保持电脑桌面整洁;不安装来历不明的软件,定期杀毒和文件碎片整理,保证信息系统运行安全高效。

六、审查监督常态化,改进行动程序化

出纳岗位接受来自多方的审查与监督,如上级领导、集

团财务公司、内部审计、外部审计、财政部监管局等,因此建立备审机制格外重要。在日常工作中实现"凡事有据可查",在业务全流程内实现"留痕",增强自身业务的可解释性,做到审查方提出问题能立即查找到相应操作记录,明确作业时间、地点、背景信息、接口单位和人员,进而还原当时自身工作的细节,在接受审查时展现出良好的工作态度、提供相应的工作材料。

在充分沟通的前提下,对于审查方提出的整改要求应当全盘接受并落实,在日常工作规程中融入最新审查要求,确保工作的合法合规性。同时,在日常工作生活中注意学习吸收最新监管文件精神,与自身工作现状进行比对,明确不足后进行自我革新,让资金安全走在监管前面。

攻坚克难
价值创造

第二篇

永不言弃
——全面攻克二期分立

有志者事竟成,破釜沉舟,百二秦关终属楚;
苦心人天不负,卧薪尝胆,三千越甲可吞吴。

历史上西楚霸王项羽大破秦兵,越王勾践于吴地一雪前耻,史诗般荡气回肠,在千古画卷中留下浓墨重彩的一笔。

所以,可怕的从来都不是困难,而是缺乏战胜困难的勇气和信心。当路途漫漫,找不到方向,踽踽独行于前路时,我们是否还能不忘初心,坚定前行?是否还能怀揣目标,矢志不渝?

这两个疑问,财务人在二期分立的一系列工作中给出了答案。

一、政策衔接不及时,退税工作陷被动

核电行业有着建设周期长、投资金额大、系统布局复杂、单机投产间隔时间长等特点,国家出台的《关于核电行业税收政策有关问题的通知》(财税〔2008〕38号),俗称"三个五年返还"政策,是国家在促进实体经济、鼓励实业投资、调整能源结构和推动清洁能源发展方面,所实施的重大举措。随

财务标杆是如何炼成的

——红沿河核电站对标国际一流管理提升行动经验总结

着核电事业的发展及国家财税体系的不断改革,自2009年1月1日起,增值税的抵扣方法由生产型向消费型转变后,核电机组投产前形成大量固定资产投资进项税额,可予抵扣的进项税在机组正式商业投产后需要几年的时间才能抵扣完,对企业而言,真正享受增值税退税优惠的时间并不能达到财税〔2008〕38号文规定的15年,使得退税政策对企业的扶持力度大打折扣。

经原大连市国家税务局、财政部驻大连专员办以及瓦房店市政府和财政、税务部门共同参与商议,根据核电建设周期长、投资大的特点,原大连市国家税务局于2014年12月以《关于辽宁红沿河核电有限公司增值税计算情况的说明》确定了公司增值税单机组核算模式,公司据此进行增值税的核算和缴纳。

2018年1月,财政部和国家税务总局联合下发财办税〔2018〕1号《关于严肃财经纪律 严格增值税退付审核的通知》,明确了核电企业在抵扣、申报环节不得通过调整进项税额抵扣方式调节应纳税额,从政策上对能否按机组抵扣或延长抵扣增值税进行了明示,据此调整核电增值税退税审核政策。因公司二期工程处于基建期,尚有大量增值税进项税未抵扣,进而暂停增值税缴纳,无法取得增值税退税收入。另2017年3月至2018年8月已缴纳增值税及附征也因政策处在监管局、财政局、税务局等部门的交叉管理中而未能解决。涉及资金规模巨大,对经营利润影响重大,解决增值税系列问题已刻不容缓。因为事关政策衔接,涉及多个政府部门,所以当如何多方并举、如何合法合规推进、如何突破被动局面等既棘手又困难的问题摆在财务部面前时，公司是被困难吓倒，还是积极应对？

财务部用整整一年的时间，以行动回答了这个问题。

二、拓展思路大胆创新，成立二期分公司

涉税问题从来都是复杂的，既要研究政策确保税务筹划合法合规，又要扎实财务基本功确保账务处理清晰准确。面对增值税相关问题，财务部主动担当，积极开展财税理论政策研究、调研，创新性地提出设立二期分公司方案，一、二期分公司各自取得独立的税务主体资格，在理论上一、二期分公司可单独申请增值税退税，进而为一期工程增值税退税提供理论支撑。

自 2019 年 9 月公司管理研讨会上首次提出成立分公司，经过近十个月的不懈努力和坚持，通过向大连市和瓦房店市两级市政府、两级税务局、两级财政局、财政部大连监管局、辽宁省财政厅、辽宁省审计厅、辽宁省电力交易中心等十多个部门的多次沟通和汇报，最终在各方理解和支持下，成立二期分公司的制约因素得以逐个明确并消除。

在成立分公司的攻坚阶段，财务部加班加点研讨方案，组织外部事务所多次召开会议，开展头脑风暴，讨论实施方案，经过近两个月的不断斟酌、修订、充实、完善，分立方案终于得以明确，且具备操作上的可行性，其重要内容如下：

财务标杆是如何炼成的
—— 红沿河核电站对标国际一流管理提升行动经验总结

(一)确定资产分离基准日、资产分离实施原则,编制资产负债表

1. 资产分离基准日

根据实际工作推动情况,确定资产分离基准日为2020年7月31日。

2. 资产分离实施原则

(1)根据公司实际情况及相关安排,将二期资产(具体依据资产分离基准日的资产账面价值确定),以及与二期资产相关联的债权、负债和劳动力一并划拨,成立分公司。

(2)二期分公司设立后,总公司以2020年7月31日的留抵税额为基准,向分公司开具与留抵税额对应金额的增值税专用发票(发票内容依据总公司账面尚未转移的二期资产清单而定)。

(3)总、分公司共用资产,总公司以费用分摊方式分摊或采取其他方式。

3. 编制资产负债表

根据公司的资产情况,将资产分离基准日公司的资产负债表进行拆分,编制资产分离基准日总公司(一期)、分公司(二期)资产负债表。

(二)明确总、分公司合同采购管理、物资出入库管理原则和固定资产管理制度

1. 明确总、分公司合同采购管理

(1)梳理尚未执行完毕的归属分公司的合同,对此部分合同做合同变更,后续结算应向分公司开具发票。

(2)对于分公司成立后新发生的外采事项,总公司授权分公司独立签订合同,或总公司统一代理分公司的外采工作,结算时向分公司开具发票。

2. 物资出入库管理原则

识别SAP中物品相关领用清单,按照移动加权平均价结算开票,总、分公司分别进行账务处理。

3. 固定资产管理制度

按总公司固定资产管理制度执行。

(三)明确总、分公司工作人员归属

按照税法规定的资产重组要求,应明确划分分公司的人员。建议根据现有公司各部处业务职能、员工职责,将负责二期建设的部处及相应人员划拨至分公司,其薪酬独立核算,由分公司办理个人所得税代扣代缴。

(四)做账规则

1. 总、分公司,各自独立进行日常会计核算

(1)总、分公司互相领用物料,按照移动加权平均价开票,按销售核算。

(2)共用资产的折旧与摊销、财务费用、销售费用、管理费用等,总、分公司分摊时,不开具增值税发票。

2. 建立会计核算账套

鉴于公司使用的SAP管理系统不支持总、分公司独立核算,考虑总、分公司成立后需继续运营很长一段时间,建议分公司在现有管理系统基础上选择其他适用的会计核算系统。

在理论上确认无误后,公司财务部马不停蹄地赴外部主管部门汇报沟通,把想法和设想与主管和监管部门充分沟通,就可能的税务风险逐一咨询核实,充分听取各主管和监管部门的意见和建议。在企业面临困境的关键时刻,辽宁省政府、大连市和瓦房店市政府以及监管局等主管和监管部门,真实为企业需求着想,从企业实际出发,切实解决了制约企业发展的难题。一系列内部审批程序通过后,在地方政府的大力支持和关心下,2020年7月22日,二期分公司顺利完成工商注册。

三、决胜"不可能",总、分公司财务报表破茧而出

二期分公司注册成立后,为保证退税等工作快速推进,让公司尽早获得实惠,财务部抓紧推进二期分公司财务分立工作。这项工作难度大、监管要求严、公司要求高,其中非常迫切且关键的一项工作就是对外官方会计核算系统由SAP改为金蝶。

SAP与金蝶财务核算系统截然不同,要实现两种财务生态的迁徙,不仅要对财务工作有深刻的理解,厘清数据,做好过渡,而且由于系统逻辑的不同,大量工作需要手工完成。在这个过程中,财务部同事克服技术、工作繁杂等困难,开展了大量认真细致的工作,通过近4个月的辛勤努力,最终实现了8月财务报表的精准匹配,为退税工作夯实重要基石,完成了当时很多专业人士认定的"不太可能完成的任务"。

一位观察人士说:"打个比方,就好像是把CPR1000堆

型机组的运行数据信息导入 AP1000 机组,虽然二者技术路线不同,但通过信息梳理、生态迁徙、细致消化,实现了数据的持续使用,并且是准确的、监管机构认可的。"

四、遇岔路果断决策,选金蝶事半功倍

自 2020 年 5 月核算项目初始,公司财务部内部在增强改造 SAP 财务系统满足分公司核算业务要求和采用新的会计核算软件两种方案间,反复分析研究。SAP 财务系统自 2012 年投用,积累了庞大的历史数据,但 SAP 的界面并不十分友好,很多内部取数逻辑连 SAP 顾问都不清楚。使用 SAP 增强方式对现有 SAP 业务冲击极大,并且如果后续二期分公司注销,很难恢复到初始状态。同时 SAP 改造费用昂贵,预估成本在数百万元以上。而使用新的会计软件,就要厘清 SAP 的全部存量基础数据及取数逻辑,将原始数据准确复迁至新系统,8 月开始新增的会计凭证也要划分一、二期项目核算至新软件,为了保障新系统的合并财务报表与 SAP 财务报表匹配一致,整个过程不可以产生一分钱的误差,最终公司选择使用国内通用的金蝶系统作为公司对外官方财务核算软件。

五、把握主线不放松,柳暗花明又一村

选用金蝶软件,意味着需要在搭建全新财务系统框架的同时,还要兼顾与 SAP 系统的衔接。国内软件金蝶与国外

软件SAP,都有各自成熟的核算思维与取数逻辑,二者在很多地方存在差异,有的地方甚至大相径庭。如何在保持SAP不动的前提下,通过合理搭建金蝶,实现二者并行核算、相互关联且数据一致,是财务部二期核算人员面临的最棘手的问题。

起初,影响金蝶系统搭建的问题纷至沓来,各自孤立,不成体系,导致已经设计完成的多个版本方案或停滞或被推翻。与其等着问题找上门来,不如主动去找问题。财务部当机暂停了方案设计,紧紧抓住 SAP 不动、金蝶适配 SAP 这一主线,选择各类实际业务在两个软件内进行模拟核算,反复穿行测试,还是出现了问题,甚至更多,但是不再孤立出现,分门别类地成系列解决问题后,金蝶系统的设计、搭建就变得水到渠成。

六、百计千谋促发展,只管攀登莫问高

金蝶软件的骨架已经搭建,接下来是完成总、分公司资产分离基准日报表数据的最终拆分,完成两个账套全部会计科目及核算维度的期初数据导入,完成财务报表格式设计与公式设定,完成会计科目、客户供应商、员工、工作分解结构(Work Breakdown Structure,WBS)等主数据导入、保证账号服务器可用等千头万绪的细节工作。从模板导出、数据匹配、模板导入到系统测试,全部由财务部自主完成,数个周末,办公室里一直都有二期核算人员忙碌的身影,大家纷纷表示,虽然参与新软件投用、新账套设立过程艰辛,但是每完

成一项工作,都会有特别大的成就感。只管攀登莫问高,无限风光在险峰。

七、屋漏偏逢连夜雨,护网行动"神助攻"

通过多方协调配合,2020年8月12日,金蝶系统可用,并于当天录入了第一张凭证,但8月17日集团护网行动开始后,金蝶系统再次不可用。同年9月,财政部大连监管局计划来现场查看金蝶账务,直接影响后续退税,绝不能因核算问题制约退税,在财务经理部的大力协调及信息文档处的全力配合下,通过临时搭建局域网,金蝶于8月24日恢复可用。此时8月的制证进度接近为零,同时因为在局域网做账,信息及金额不能粘贴复制,都需要手工录入,为保障进度,二期核算人员持续加班两周,制作出858份金蝶凭证,成功复制SAP对应的8月5 565份凭证。

八、摸着石头去过河,办法总比困难多

在使用金蝶做账过程中,可以说每天都会遇到一两个新问题,很多在SAP的正常操作,在金蝶分项目核算都成为问题,诸如"跨一、二期项目银行间付款""二期外币评估、借款利息结转在建工程""海关关税、增值税往来账务处理""人工成本独立核算""一、二期往来项目发票及账务处理"等,不胜枚举。二期核算人员保持着高昂的主观能动性,遇山开路、遇水搭桥,一一化解难题,同时也积累了经验与知识。

九、"笨办法"起大作用，做账人因零失误

在金蝶上录入凭证，避免人因失误至关重要，因为简单的一点错误，都会给后续出具财务报表带来极大的影响及纠错工作量。二期核算人员为了确保准确性，采取了最笨也是最有效的办法：通过审核岗位，逐项审核会计科目发生额及现金流量代码，过程中发现的人因失误均及时纠正。利用这个"笨办法"，在生成财务报表过程中，没有因为做账错误而导致的差异，为报表顺利生成打下基础。

回顾2020年的艰辛历程，公司财务部二期核算人员从无到有、从茫然到坚定，频繁在发现问题和解决问题间行动，常常在挫败感与成就感间徘徊。但当看到二期分公司成立后8月至12月共5个月准确无误的金蝶会计报表，一切的付出都有了回报。

十、铆足干劲持之以恒，取得增值税退税

成立二期分公司后，二期资产划拨至分公司，一、二期独立核算。其间遇到许多技术问题和重重难关，如不征税发票怎么开具？发票额度不够如何调整？二期留抵税额如何演变？资产划拨与开票比例如何确定？……实际操作中的问题层出不穷，但是财务部敢于担当、勇于挑战，仔细研读国家税务总局公告和相关财税文件，并向事务所及财税咨询公司等多方询问，利用扎实的财务基础和灵活的思维逻辑，拟订资产及相关债权、负债、劳动力、经营活动一并划拨方案，采

取资产重组形式开具"未发生销售行为的不征税项目发票"。同时谨慎处理好划拨资产及有关债权、负债和劳动力的具体交接手续,以确保划拨资产及留抵税额的划分准确无误,避免产生涉税风险。分公司成立后,总公司按照资产账面清单及资产大类开具增值税专用发票,将二期资产作为一个整体划拨,其中与二期留抵税额相对应的、归属二期5、6号机组的进项留抵税额转移给分公司。至此,层层关卡被逐一攻克。为了赶进度,税务小组加班加点熬夜开具数百亿元的发票,而且保证零误差,最终数额不差一分钱。税务小组夯实基础工作,模拟纳税调表,把逐月需要调整的数据一一核实清楚。在确保内部工作准确无误后,财务部立即联系主管税务机关,申请调整纳税申报表,理顺一期总公司的税务关系。财务部经理带队连续多日前往瓦房店市税务局(简称税局)大厅,在工作人员的窗口前,税务小组协助修改过往41个月的纳税申报表。经过近一周的努力,克服人手紧张、工作量巨大种种困难,最终完成全部纳税调表,这是退税工作标志性的里程碑。

由于地方财政紧张,支付这笔大额退税难度很大。公司财务部通过充分的退税方案策划、推演,搭建退税模型,进行税务风险分析,最终结合实际情况,拿出可行方案与地方政府沟通。记不清多少次赴各个主管部门请示汇报,数不尽多少次组织召开沟通会议,经常是清晨伴着朝阳出门,回程时已是夜深人静。在此过程中,各接口主管和监管部门勇于担当,切实解决制约企业发展的难题,让人深切感受到政府着力打造良好营商环境的决心和魄力,深刻体会到良好的营商环境是对企业持续健康发展的有力支撑。持之以恒，锲而不舍，驰而不息，久久为功。2020年5月，与政府的磋商终于迎来了阶段性成果，各部门基本达成一致。2020年6月，退税资金保障方案得到落实，工作得到实质性推进。历经重重难关，公司终于在2020年11月16日前取得全部已交税款退税。2020年12月3日，首笔"三个五年"增值税退税款到账。

十一、守正出新，工作业绩意义重大

通过成功解决增值税系列问题，一期工程提前2年享受退税优惠政策，2020—2022年实现的增值税退税增加等额年度利润，有力支撑公司经营业绩目标的实现。同时解决了因政策衔接引起的已缴纳增值税退回问题，在地方财政极为紧张的条件下，克服种种困难，原已缴增值税及附征全部退回。此外，设立分公司实现增值税退税方案成功解决了核电行业一个法人下项目分期建设存在的增值税退税困局，在理论和实践上为行业提供了新的思路。

深耕细作
——关于落实财税优惠政策的那些事

随着公司步入高质量发展新阶段,公司财务人面临着一个问题:什么是新阶段公司税务管理的新目标?深思熟虑后,我们充分认识到税务管理不应仅限于做好基础工作、规避税务风险,还应兼顾创造效益。我们拒绝平庸,我们需要一个高目标,一个以提升税务管理质量和效益为根本出发点和落脚点的管理新目标。为此,在过去的几年内,我们在实践中不断进取,进取中努力创新,实现增值税退税到账金额逐年升高,推动核电人才财政奖励落地,落实土地使用税优惠政策见实效……

一、抓机遇、强沟通、破危局,退税业绩创新高

自 2019 年 9 月 26 日,公司财务部提出通过成立二期分公司早日取得增值税返还,在公司党委、总经理部的正确决策下,克服各种意想不到的困难。外部全力协调监管、税务、财政、国库、科工、电网等相关部门,确定"总公司+分公司"退税模式;内部积极推动二期分公司设立,集团公司首家创

财务标杆是如何炼成的

——红沿河核电站对标国际一流管理提升行动经验总结

新"金蝶SAP"财务核算模式。首创"税务财政＋监管国库"退税"双周到账"绿色通道。

分公司成立后，我们乘胜追击，2020—2022年实现增值税退税逐年递增，助力公司取得五星考核绩效，2022年更是超额完成年度增值税返还目标，创公司历史年度内累计到账、单笔到账金额双新高！

一个个喜人的成绩背后是敢想、敢为、创新、精心取得的成果。近年来，宏观经济下行，加剧了增值税返还的难度，且根据公司年度预计情况，利润总额目标实现难度较大，落实按时、足额取得增值税返还款，对实现利润总额目标有着十分重要的意义。

面对如此的紧张局面，不免使人不安，但经验告诉我们，不能自乱阵脚，要一步一个脚印，踏实向前，着眼于解决地方财政压力问题，逐步平衡地方财政承受能力与实现公司经营业绩管理目标两者之间的关系。为此财务部采取事先谋划、事中跟踪、事后总结等系列措施。一是内抓基础，事先谋划。内部工作由每年年初筹划开始，结合当年年度电力市场形势，合理预测收入及进项税额等，制定分月目标；二是外强沟通，事中跟踪。就公司年度计划与大连监管局及瓦房店市财政局进行多层次、多维度的沟通，视地方财力情况统筹安排年度入库增值税及增值税返还节奏，退税材料提交后，时时关注财政动态，积极跟进各环节审批进展。三是定期反馈，事后总结。在每取得一笔退税款到账后及时总结经验。为提升退税工作质量，在日常工作开展过程中，也不断梳理和总结退税流程，借此机会总结如下：

第一步：沟通确定退税期间后需填写/准备该期间的以下增值税退税申请材料。

(1)一般增值税先征后退的请示。

(2)一般增值税退付申请书。

(3)一般增值税先征后退申请审核表。

(4)增值税纳税申报表。

(5)税收缴款书(电子缴税付款凭证)。

(6)财务报表、审计报告。

(7)收入、销项税、进项税、进项税转出明细账。

(8)账载收入与纳税申报收入差异情况表。

(9)当期认证进项税额金蝶系统数据与纳税申报数据差异情况分析表。

(10)纳税申报收入情况统计表。

(11)对申报退税资料的真实性和完整性做出的书面承诺。

(12)企业上年度或上次退税资金使用情况说明。

(13)未接受税务稽查说明书。

(14)实际抵扣进项税额统计表。

(15)一般增值税退税电子文件。

(16)监管局需要的其他材料。

第二步：将以上材料提交财政部大连监管局，启动退税工作。

第三步：财政部大连监管局赴现场核查相关退税资料。

第四步：审核无误后企业在退税系统中填报退税数据并及时跟踪线上审批流程。

第五步：财政部大连监管局将审核后的退税文件提交国库后，公司时刻关注地方财政动态，跟进国库流转信息。

第六步：国库审核无误后，办理退税。

正是这种严慎细实的工作作风，创造了年度增值税退税到账金额逐年升高的成果；正是这种"钉钉子"精神、坦诚相待的态度，取得了财政部大连监管局、瓦房店市财政局、瓦房店市税务局、大连市中山区国库的大力支持；正是这种敢想、敢干的工作作风，将不可能变为可能，使得间隔不到一个月就取得两笔退税资金到账，超额完成年度退税目标的成绩……

二、服务员工无止境，人才奖励暖人心

核电人才财政奖励是事关公司员工切身利益的一件大事。但该项奖励政策不是一项顺理成章的法律规定，而是需要主动思考、勇于争取才能实现的政策。

公司于2018年2月7日正式发函向瓦房店市政府申请2017年度核电人才财政奖励，此后，公司财务部牵头积极沟通，主动联络，筹划税务模型，测算公司预计能够形成的税款和地方财政预计分成，随后与相关政府部门沟通核电人才财政奖励事宜。2018年4月11日，公司向瓦房店市政府申请延续"核电人才财政奖励"政策（原政策截止到2017年），但当年未获得批复。

2019年，公司财务部意识到不能再一味等待，要主动改变现状。自此,公司财务部将落实核电人才财政奖励作为重点工作之一,在政策延续及返还到账两方面同时做工作,重点跟踪、持续推动。公司分别于2019年7月28日、2020年8月17日正式向瓦房店市政府发函申请延续"核电人才财政奖励"政策,并加紧与地方政府相关部门的沟通,开拓思维,多头并进,既在税务筹划上下功夫,又详细梳理政府相关部门的办理流程,找方向、抓重点,制订详细的工作计划并狠抓落实。终于,2019年11月27日,瓦房店市政府同意延续公司三年(2018—2020年)的"核电人才财政奖励"政策;2021年7月18日,同意延续公司两年(2021—2022年)的"核电人才财政奖励"政策。

财务人的脚步已经迈开,就决不会停止,核电人才财政奖励资金到账工作仍需落实。受宏观经济影响,截至2019年初,公司仅取得了2016年以前的核电人才财政奖励资金。时间越久,听到质疑的声音就会越多:"咱们的核电人才财政奖励资金还会发吗?""核电人才财政奖励资金什么时候才能发放?"为此我们必须加快脚步,采取针对性措施,会同地方一道破解难题,努力追赶到账进度。立足缓解地方财政压力这一关键点,进行周密筹划,于2020年7月成立二期分公司,将二期留抵进项税额划转至二期分公司,当月即形成增值税应税额度,极大改善了地方财政收入情况。一方面,财务人在工作中创新思路,积极协助地方政府落实承包商属地化纳税工作,主动梳理现有承包商经营情况,在瓦房店市红沿河镇政府和企业间搭建桥梁,联合地方财政局、税务局和承包商,共同商讨、研究实施方案,通过设计分公司等途径推

财务标杆是如何炼成的
——红沿河核电站对标国际一流管理提升行动经验总结

动属地化纳税工作落地、重新构建了税务模型,筹划纳税方案,合理规划人才奖励安排,尽可能减少由此给地方财政带来的压力。另一方面,财务部组织专业人员研究政策,主动了解政府办公和议事流程,拟订详细方案,逐层推动,每双周跟踪进展。在关键阶段,总会计师与财务部经理多次带队拜访瓦房店市财政局等部门,创造了更多当面沟通的机会,这种锲而不舍、坦诚相待的态度和顾及彼此、互利共赢的安排赢得了瓦房店市政府相关单位的支持,为"核电人才财政奖励"政策落地铺平了道路。

每次正式上报申请拨付"核电人才财政奖励"资金的函,都一环扣一环地按照合理的节奏进行,上报后以瓦房店市科技与工业信息化局为起点,到瓦房店市财政局、市政府办公室呈递请示,再由分管副市长、常务副市长审阅,最终由市长签字批准,这中间历经多部门、多层级的沟通、争取,按照审批流程节点逐个部门跟踪请示、沟通汇报,靠着执着的精神和坚定的信念,在2019—2022年,财务部取得了8笔"核电人才财政奖励"政策资金到账,对应时间为2017年全年至2021年半年,终于完成了应有的返还进度,极大程度地提升了员工的幸福感和获得感。回顾往昔,方知成绩来之不易,但财务人绝没有丝毫懈怠,也从未有过犹豫不决、徘徊彷徨。船到中流浪更急,人到半山路更陡。财务人深知,能够阻挡我们前进的,只有我们自己。但全体财务人耳畔都涌动着共同的声音,这也是财务人向公司的郑重承诺:锲而不舍,使命必达!

三、"笨鸟先飞"，土地使用税优惠政策落实工作见实效

国家为了支持核电项目发展，配套出台了一些核电行业特有的税收优惠政策，财政部与国家税务总局发布的《关于核电站用地征免城镇土地使用税的通知》（财税〔2007〕124号）就是其中之一，其对核电站用地城镇土地使用税政策做出明确指示：对核电站的核岛、常规岛、辅助厂房和通信设施用地（不包括地下线路用地），生活、办公用地按规定征收城镇土地使用税；对核电站应税土地在基建期内减半征收城镇土地使用税。

公司基建期土地应税面积一直处于变化中，经公司申请，根据原大连市地方税务局下发的《关于红沿河核电项目城镇土地使用税应税土地面积认定问题的批复》（财行便函〔2009〕14号）文件规定："工程竣工后，按照实际用途和面积，自2009年开始进行汇算清缴，多退少补。"据此公司每月按暂定面积申报缴纳土地使用税。公司一期工程于2019年第三季度完成竣工验收，二期工程厂区土地占地情况已确定，已具备汇算条件。为避免日后税务检查风险，早日确定应税面积，落实优惠政策，财务部立即启动土地使用税汇算工作。

矜夸并非智者，蛮干不是英雄。在就应税土地面积与瓦房店市税务局进行沟通前，必须要做足功课，于是财务部制订工作计划，联合工程管理部先后梳理一、二期项目取得用

财务标杆是如何炼成的

——红沿河核电站对标国际一流管理提升行动经验总结

地情况、填海面积,并与公司工程管理部相关人员开展多次实地考察工作,以《关于核电站用地征免城镇土地使用税的通知》(财税〔2007〕124号)文中列举的核电站的核岛、常规岛、辅助厂房和通信设施用地(不包括地下线路用地)及生活办公用地征收土地使用税,逐一梳理以瓦房店市规划设计院《全厂总体规划图》(含一期/二期)为依据,并经技术部门实地勘测,形成初版土地应税面积清单。

内部基础工作完备后,下一步就是外部沟通工作。因公司实际情况确实比较复杂,为避免公司与税局对政策理解的差异性,造成不必要的税务风险,公司就形成的初版应税土地面积清单与税局进行多次沟通,并提供充分的证明材料,经税局的现场全面查勘,最终取得了一致意见:公司厂区应税面积55.59万平方米(其中一期40.65万平方米、二期14.94万平方米),另施工用地11万平方米。再结合瓦房店市政府给予公司的另一项土地使用税优惠政策《关于调整核电项目城镇土地使用税有关政策的补充通知》(瓦政发〔2007〕201号)中关于核电项目城镇土地使用税有关政策的调整规定:土地使用税税额标准由一等调整为三等,即由原一等6元/(平方米·年)调整为三等3.6元/(平方米·年),两项优惠政策合计每年度节省土地使用税1 100余万元。

上下同欲者胜,同舟共济者赢。新的一年,财务人必将继续以"严慎细实"的工作作风,践行初心使命,牢记责任担当,坚持依法合规经营,为公司高质量发展贡献自己的力量!

十年磨一"建"
——基建工程财务竣工决算工作立标杆

红沿河核电 6 台机组,一次规划、分批建设。一期工程 1～4 号机组相继于 2013 年 6 月至 2016 年 6 月建成投产,二期工程 5～6 号机组分别于 2021 年 7 月至 2022 年 6 月建成投产,项目投产跨度近 10 年。

2019 年初,一期工程竣工财务决算编制工作方才具备编制条件。2022 年 6 月,红沿河核电 6 号机组正式商运,标志着二期工程竣工财务决算工作从日常基础工作管理阶段转入编制阶段。短短四年内,红核财务人需要完成两个大型基建项目竣工财务决算工作,可谓是"前无古人,后无来者"。

如何高质量地完成竣工财务决算工作?在项目建设初始,就是红核财务人思考的重中之重。

一、健全与提升基建财务管理体系

健全财务制度体系,才能保障财务管理活动有序开展。一期工程基建期间,为规范公司各项财务管理行为,公司高度重视财务制度体系建设。针对基建期财务管理特点,结合

财务标杆是如何炼成的

——红沿河核电站对标国际一流管理提升行动经验总结

公司HIMS体系管理要求,公司建立了年度财务制度自评价程序,采用人员访谈、穿行测试等方式,对现有制度体系进行评价,再根据自评价结果,制订下一年度财务制度升版或新建计划,并跟踪、推动、落实。在外部第三方咨询机构大力帮助下,早在2010年,红沿河财务部就制定了《基建项目财务竣工决算报告编制办法》,首次规范了该工作,明确了编制工作的相关组织机构与职责、方法、内容。按照国家相关部委、核电股份公司、红沿河公司的管理改进要求,截至2022年底财务部后续共三次升版该程序。

建立造价目标控制体系,引入考核责任制。二期工程建设伊始,依据核电股份公司关于投资控制改进方案的总体要求,为保障概算投资可控,由财务部牵头负责建立、健全工程投资控制体系与制度,对工程总投资控制负责管理,在全公司建立了全员参与的投资管理体系。财务部总体负责投资控制责任,按照"权责一致、分工明确、层层落实、机制传导"的原则,持续升版《投资控制大纲》,进一步明确成本统筹中心和各部门的投资控制职责和接口关系。公司通过制定《造价考核管理程序》,将概算建成价指标按照承诺额控制的理念,逐年分解控制额度,采用了鼓励节约、定性与定量相结合的方式,将各成本中心的管理工作纳入公司年度绩效考核范围中。工程费用成本中心设在工程管理部和合同采购部,生产准备费用成本中心设在生产准备处,财务费用成本中心设在财务部,管理费用成本中心设在综合管理部。工程管理部主要负责工程(工作)量的控制,合同采购部主要负责价格

(或单价)的控制。每年初,财务部依据股份公司下达的造价控制目标,进行公司各成本中心责任分解。考核工作采用季度与年度相结合方式进行,造价控制工作得到有效开展。

二、创新建立并完善概算预警机制,严控造价指标

建立概算预警机制。2011年,红沿河公司组织编制了一期工程《执行概算》,按当时时点对投资控制进行总体目标规划,按执行概算和后期概算调整金额为投资控制目标,按季度编制一期工程概算(预警)执行报告,从2011年第四季度开始到2016年第三季度结束,对工程投资前期规划和采取控制措施起到了积极作用。工程概算(预警)执行报告以概算表一为基准,通过与承诺+无合同支付+预测的对比,通过比率分析方法对超概项目进行了重点监控。对一期工程投资执行情况进行了分析和预警,标识出红灯(已经超概项目)、黄灯(有超概风险的项目)和绿灯(暂无超概风险项目),提请公司管理层重点关注。项目依据已发布实施的《执行概算》划分编制成果,工程费用按照土建工程、安装工程、A包设备、B包设备进行划分,工程其他费用按照《执行概算》列示为项目分工程公司承担和业主公司承担两个部分。对超出较多项目进行重点分析,找出超出的原因和具体项目,通过上述原因分析提出相应的管理意见和建议。

完善投资执行预警机制、定期向股东单位汇报。2017年,二期工程初步设计概算批复与生产准备总预算编制工作

同步开展。为了有效控制项目造价,针对批复的设计概算无法消纳生产准备需求的情况,2018年7月,财务部组织召开了项目评审会,邀请了各股东单位、电规总院等造价管理专家参加,形成评审报告汇报至各股东单位。2018—2020年,连续三年编写《红沿河核电二期工程投资完成及预计超概情况报告》报送公司董事会,取得股东单位关注,并促成公司股东会于2021年通过了二期工程开展阶段性补充融资的决议。该决议的形成为后续调概工作夯实了基础。

三、改进WBS架构和SAP核算方法,提高财务信息化水平

一期工程SAP的WBS核算架构是按照建安合同清单模式为基础构建的,早于《核电厂建设项目费用性质及项目划分导则》行业标准的发布实施,其内容已不能满足日常相关投资报表、报告的编制要求。二期工程SAP的WBS核算架构设立时,较一期工程有了较大改进,建立了以初步设计概算为架构的核算体系。各费用科目的设置,采用了三级概算管理模式,使得日常投资管理工作与概算的投资控制工作做到了有效衔接。

SAP核算架构与合同清单互相关联。以往公司合同部门编制的合同清单与财务部门台账衔接的有效性不足,合同范围与数量均有出入。针对此情况,公司财务部依托SAP的WBS核算架构,并结合手工账务处理记录,汇总整理出完整的自管合同清单,以此与总承包的资产赋值清单一并开展

概算执行统计工作,为决算工作的开展打下了坚实的数据基础。

开发SAP在建工程科目余额报表。红沿河公司在建工程科目核算包含一期工程、二期工程、生产期的改造三大类项目,系统结转凭证、手工凭证并存,累计数万条数据。在走建工程序时账如何简单、直接转化为基建投资数据报表这个问题,长期困扰着投资管理人员。2022年初,结合梳理该科目明细账的契机,项目组人员细致研究相关数据构成属性与特点,创新性地通过凭证文本调整的方式,开展信息化处理,实现了用WBS归集余额的方式展示各项目、概算科目的费用归集功能。该余额报表汇集了WBS对应的汉字描述、资产编号、最新入账日期等信息,利用SAP信息化程度高的优势,客观、及时、准确地展现了在建工程科目项下核算的各工程项目执行情况,是全面细致掌握项目投资、账务处理相关情况的良好工具,为投控工作开展提供了较大的便捷。

四、按时完成一期工程竣工决算,助力获得国家优质工程奖

为推动一期工程顺利完成竣工财务决算,公司财务部适时提出工程造价审核的思路、积极推动概算调整和总包合同签订等工作,于2019年1月底具备编制竣工决算条件。面对合同数据多、往来错综复杂、结算数据量庞大繁杂、决算报表钩稽关系复杂等数据难点,以及建设周期长、会计账套系统多次更换和科目结构调整等一系列困难,再加上红沿河公

财务标杆是如何炼成的

——红沿河核电站对标国际一流管理提升行动经验总结

司承接了股份公司下达的"红沿河公司的3号、4号机组要取得国家优质工程奖的任务",要求竣工决算报告必须在2019年8月28日完成,时间非常紧张,按照正常情况来看,是无法按时完成的任务。

面对迫在眉睫的节点要求,专项组统筹规划,通过制订详细周密的工作计划,明确报告编制的各主要工序,并根据进展实行动态调整。各项内容同步开展,以争取尽早完成编制任务,为后续尽快完成审批工作创造时间保障。其间工作亮点如下:

面对困难,勇于担当。一期竣工验收工作要在2019年8月底前完成,而《财务竣工决算报告》的编制工作在2019年1月方具备开始条件。竣工决算工作在8月底前完成,是完成整体目标的决定性因素。面对时间要求紧、工作量大、人员流失等困难,专项组顶住压力,勇于担当,为尽快完成该项工作,多次协调工程公司开展合署办公,取得赋值清单、完成了18 700多项资产核实等工作,并于5月完成了竣工财务决算报告初稿的编制工作。

夯实数据基础工作,确保决算数据准确完整。红沿河一期工程总投资范围内2 700多份合同、3 800多项合同变更、10 000多份合同支付、12 000多张发票、600多个供应商以及40 000多份非合同支付,同时涉及18 700多项资产,要素与报表之间还有着复杂的钩稽关系。针对公司对基础数据基础工作的高要求,财务部投入大量人力,加班加点进行梳理、核对并多方印证,确保竣工财务决算数据完整可靠。

适时提出第三方造价审核建议,有效审减工程投资。自

2013年起,引入第三方造价事务单位,对工程五大建安合同所有测量工程(单价结算项目)超量进行审核。经审核,对比工程公司审核后的承包商结算方案,审减投资。财务部通过对测量工程的合同结算有效控制,降低了公司合同执行的审计风险。

积极主动协调沟通,确保报告审批及时完成。竣工财务决算报告属于董事会审批事项,涉及较多不可控因素。在股东方前置审议环节中,为加快审批进度,专项组协调各股东方单位提前开展专业审核,现场召开评审会,加快审查进度,会后积极落实审核意见,加快完成报告的修改。在取得公司"三重一大"、总经理部办公会审议后,专项组紧密跟踪股东单位审查的各环节,积极联络、多方沟通、调动资源,最终使得竣工财务决算报告于2019年8月16日获得董事会批准,8月21日获得主管单位的批准。

五、精心筹划二期工程竣工决算,及时完成资产暂估转固

参照一期工程建设管理相关经验,二期工程不论是日常基础工作开展,还是对决算编制资料准备都有了较大改进。特别是5、6号机组暂估转固,继承了之前的良好实践,沿用了1~4号机组转固逻辑规则,采用设置岛别、专业的资产数据分类的方式,此方法的具有操作简便、可快速依据决算金额调整暂估价值的优点。

目前,二期工程竣工决算工作各准备事项已全面开展:

财务标杆是如何炼成的
——红沿河核电站对标国际一流管理提升行动经验总结

竣工决算说明书编制工作已提前启动,制定编写大纲,成立编写小组;全面统筹合同清理,同步着手开展合同清理、往来款梳理;未完工程统计同步进行,工作进程深入业务前端,积极沟通,逐项督促合同采购员尽快、尽早完成结算工作,用以保障决算数据的完整性,避免后续耗费大量人力、精力重新统计;持续按月统计投资执行情况,为后续概算调整工作的开展提供数据来源与参考;为夯实竣工决算工作基础,财务部提前策划二期机组商运暂估转固相关工作,组织开展编制并梳理资产清单,逐项核实房屋、构筑物、设备信息,并将资产清单发送至各实物管理部门核对,落实管理责任人,反馈修改意见;优化竣工财务决算工作工期,识别关键工作路径,邀请审计单位在项目投产前进场开展审计工作,用以缩短后续审计报告出具的时间。

以上工作经验为后续基建项目相关工作的开展,起到了良好的借鉴作用。

成本控制
精准高效

第三篇

成本管理及标准化建设

成本管理是一个企业发展的心脏和灵魂,财务部始终把加强成本管理及标准化建设作为一件大事来抓,坚持以先进的管理理念引领成本管理的和谐健康发展,使成本管理助力公司蓬勃发展。坚持成本导向战略,分解落实公司战略和财务规划,促进战略改进和提升;在公司范围内倡导成本效益理念,培育全员成本意识,建设和形成成本文化;推进成本管理规范化、精细化,提高经营管理能力;实现公司资源的优化配置,提高资源综合使用效益和效率。

一、建立准确、完整的成本管理制度和体系

构建全面的成本管理体系,是发展的先头工程。结合公司自身发展的实际目标需要,着力构建具有特色的成本管理体系,推进模块制度化建设,把专业性内容和职业化需求转化为企业的规章制度,融入日常工作中,形成比较规范、合理、适用的管理体系,涵盖成本管理的目标、范围、职能、原则、办法等多方面,构成一个完整的体系。

成本管理是对公司资源全过程、全体员工、动态的管理控制。全过程要覆盖全部业务环节,从业务规划开始贯穿电价成本构成的每个环节,成本控制要贯彻技术与经济结合、

生产与管理并重的原则；全体员工具备成本效益观念，在开展工作时遵守成本管理政策，对与自己业务环节相关的成本开支有意识地进行控制和管理；动态面对市场环境变化，定期对构成电价的各项成本进行相关影响因素分析，适时优化成本管理的目标，改进成本管理的方式，完善成本管理的方法。

二、完善成本管理规划的运作，提高和保证工作质量

成本规划是根据企业的竞争战略和所处的经济环境制订的，也是对成本管理做出的规划，为具体的成本管理提供思路和总体要求。成本规划编制和修订工作应有明确的工作计划。首先要认真开展成本预测工作，规划一定时期的成本水平和成本目标，对比分析实现成本目标的各项方案，进行最有效的成本决策。其次应根据成本决策的具体内容，编制成本计划，并以此作为成本控制的依据。最后根据工作计划，在分析考虑内外部环境条件的基础上，结合财务规划，采用科学适用的方法，在充分考虑各方意见和建议的基础上，编制和修订成本战略规划，对各项成本水平和管理能力进行科学合理谋划。成本战略规划应包括内外部环境分析，成本管理定位和目标（包括中长期和近期战略目标、管理能力和关键指标）、战略措施和资源需求与保障等多方面内容。成本战略规划是后续开展成本管理工作的行动指南，对年度成本管理工作目标、计划和成本预算起指导和约束作用。

三、依托规划力量,进一步强化成本控制

根据成本战略规划,在充分分析当前成本控制能力和水平、现有资源条件和所面临风险状况的基础上,结合外部实际情况开展行业成本对标工作,合理谋划各项成本水平,制订成本管理各阶段工作目标。

根据成本管理各阶段工作目标,结合业务发展情况,制订年度成本管理工作计划和年度成本预算。经批准的年度成本目标和年度成本考核方案是年度成本管理的具体目标和实行年度成本控制的依据。

根据年度成本考核方案,在充分分析和掌握成本关键驱动因素的基础上,按照"谁控制、谁负责"的原则,结合绩效考核方案等途径,建立成本管理目标的逐级分解落实机制。

成本控制不仅要控制日常生产经营管理中的显性成本,也要关注机构设置、业务流程、设计管理、质量控制、安全管理、进度管理和供应商管理体系中隐性成本的控制和管理。

各部门应持续、全面、系统和充分地识别、确定和消除导致成本水平提高的主客观因素,包括经营模式、运作方式、管理决策、资源配置、成本管理手段和方法等,提高成本控制的能力和水平。

四、重视总结,汲取成本分析的良好实践经验

公司财务部组织有关部门定期开展成本分析工作,通过

财务标杆是如何炼成的
——红沿河核电站对标国际一流管理提升行动经验总结

成本分析，不断完善成本标准定额，提高成本预算管理水平；通过分析成本驱动因素和成本变化方向与趋势，预估未来成本水平，寻找降低成本水平的措施；总结、学习和借鉴成本管理的经验教训，推广成功做法，提高成本管理意识、能力和水平。

成本分析应当包括实际与预算差异分析、本期实际与以往年度实际差异分析、实际与考核指标差异分析、成本标准定额与执行差异分析、成本动因分析、成本耗费资源量分析、成本趋势分析、典型成本案例分析，以及与同行业先进企业成本管理体系和成本水平的差距分析等。

成本预算执行分析以责任成本中心为单位，采取自下而上的形式定期进行，若发生重大成本管理例外情况，则应及时通过专项分析形式，评估对年度生产经营管理和成本预算执行的影响。

在成本分析的基础上，公司应针对可优化和可改进的成本项目，提出明确的优化改进目标，拟订相应的成本优化改进实施方案，并在方案执行过程中持续完善，以确保成本管理目标的实现。

实行成本管理定期报告制度，财务部根据相关要求，编制季度、年度成本管理报告，并及时向公司管理层、有关部门和集团公司报送成本管理报告。成本管理报告应以预算指标、考核指标、内部控制指标为主要依据，通过对实际指标与预算指标、考核指标和内部控制指标、行业指标的比较分析，及时全面地反映公司在生产经营管理各方面的实际情况。针对成本管理过程中存在的问题和不足，提出切实的改进措施和方案，并持续跟踪改进措施和方案的落实情况。

五、提高全体员工的成本参与意识

采用成本管理制度对成本进行全面控制,以达到降低成本、提高经济效益的目的,归根到底要依靠人们在生产经营活动中的积极性。成本制度本身并不能降低成本,能否降低成本取决于管理者和实践者对成本制度的态度和参与程度。因此,要提高全体员工的成本意识、取得他们对成本制度的支持,使之积极参与成本管理,是实现成本制度目的的重要条件。财务部大力构建和谐理念,以公司各项现行的规章制度和职业道德为准则,增强工作责任感,以高度的职责感和谨慎性,努力做好成本控制工作。深入了解业务部门实际工作需求和问题的同时,还要加强公司成本、精益化文化宣传,加深一线业务人员对业财融合的理解,主动做好服务工作,不断提升财务服务质量。以业财融合为杠杆拉动内外的专业人员碰撞,以点制面,增进双方的合作密度,促进工作的深入,有效促进成本控制。

六、领导层推动原则

成本管理涉及全体员工,需要由领导层来推动。企业领导层重视并全力支持成本控制,具有完成成本控制的决心和信心,具有实事求是的精神,以身作则,严格强化自身的责任意识。

公司制订提高成本管理人员能力的工作计划,开展对成本管理、执行、核算和验证人员的培训、学习、经验交流、研讨

财务标杆是如何炼成的
——红沿河核电站对标国际一流管理提升行动经验总结

和外部人才引进等工作,提高成本控制的能力和水平;积极学习、探索和引进科学先进的成本控制手段和工具,提高成本控制的实效性、先进性和系统性。

　　成本管理及标准化的建立起到良好作用,能有效地控制成本支出;是长期投资决策、短期投资决策,特别是价格决策的重要依据;便于编制预算和进行考核;可以简化成本核算的账务处理工作;能够为企业生产经营管理中诸多决策目的和控制目的提供大量的成本信息;是强化成本控制和经营管理的重要保障,对企业加强成本管理、全面提高生产经营成果具有深远的意义。

成本执行信息化预警

从公司角度看,随着乏燃料费缴纳机组数量增加、冷源保障投入增加、可燃废物外运量增加、承包商人工成本逐年上涨及突发性事件新增的成本投入,达到预期经营目标的成本压力巨大,在外部营销市场不明朗、内部经营预计不乐观的严峻形势下,基于核电成本特性,立足实际,从提升日常业务管理的角度切入,夯实基础、改进和优化业务流程、寻求新的突破点,为公司经营决策和精益化管理提供参考,对成本管理工作提出了更高的要求。

一、千头万绪,艰辛探索

预算管理工作结果是从集团到公司各层面管理者把握年度预算执行情况、进行经营决策的重要参考内容之一,业务预算资源使用和调配性差,利用率不足,同时存在"重预算,轻执行",不能如实反映中期经营业绩的历史性顽疾,也容易引发公司会计报表信息失真等一系列后续问题,曾多次被公司列为重点关注事项,亟待解决。

为分析成本管理的潜力,提升预算管理水平,主动深入业务部门,沟通了解预算资源的使用和调配情况,为业务部门出谋划策,保障资源高效利用和业务顺利推进。同时,财务部的业务财务宣传工作也取得了业务部门领导的理解与

财务标杆是如何炼成的
——红沿河核电站对标国际一流管理提升行动经验总结

支持,为后续优化预算执行反馈机制、建立成本执行信息化预警打下了基础。

二、迎难而上,勇于担当

2021年初,公司经营形势严峻,且前几年单堆日常运维成本呈现逐年上升趋势,集团成本指标考核压力较大,按照公司DOAM要求(加强成本管控,制定措施及配套激励机制,降低公司运维成本),日常运维作为成本管控的重点,被列入公司2021年精益化管理改进计划和预算管理改进专项审计,财务部连续承接了上述三项重要任务。

从2020年起,公司财务部各模块人事分工调整改革,人员休假、出差、离职调动及二期分公司成立等重大决策事项人员安排,以及随着5、6号机组商运的到来陆续承接二期业务,预算与成本模块始终处于人手不足的状态,工作量繁重,牵扯精力较大。

上半年忙去年和今年的事,下半年忙年末和明年的事,日常、专项和突发性事务贯穿全年,这是对成本管理工作较为形象的概况。平时接口公司级DOAM、业务部门、合同部门、集团内各成员公司、财务部各模块以及其他上下游相关部门,日常工作中需经常面对各类紧急反馈和多项工作同时开展的压力。财务部勇于担当,主动承担并克服人手不足的困难,承接工作任务安排,时间紧、任务重,经常加班加点,连续作战。

三、抽丝剥茧，柳暗花明

面对严峻的成本压力和公司下发的重要任务，如何采取切实可行的举措破局成为摆在眼前的难题。

为了厘清思路，明确方向，在不影响日常工作完成的情况下，财务部合理安排工作时间和优先顺序，反复研究公司成本管理的现状、面临的问题、预算管理相关制度程序及对标情况，发现成本管理已进入瓶颈期，可操作性空间有限；但从过程管理角度来看，业务部门在实际执行时未能找到切实的抓手和落脚点，参与度不够、积极性不高，导致日常管理较为被动，工作效果不明显。

通过深入分析，财务部找到了完善动态监控工作机制、强化过程跟踪管理评价这一关键突破点。但是，怎样与实际业务更好地融合是接下来需要考虑的问题。

经过多方调研并结合日常工作情况，发挥主观能动性，灵活运用财务因素分析法，对预算执行率这一预算管理的核心指标进行了分解，将其主要拆分为预算指标占用率、采购申请签约率和成本确认验收率，以实现从业务指标监控的角度切入，进行预算立项、合同签约、成本确认日常管理跟踪评价的目标。为了体现变化趋势，又增加了同期对比情况。

基于多次分析和模拟尝试，公司于 2021 年首次制定了《日常运维预算执行情况过程预警及通报实施办法》，每月开展各部门日常运维预算执行情况过程预警，对各部门日常运维预算管理工作进行季度和年度评价，已获批准并完成发布。日常预警涵盖了采购申请、订单签订和项目验收等具体

财务标杆是如何炼成的
——红沿河核电站对标国际一流管理提升行动经验总结

业务工作方面,构建起了一个多维度的成本执行信息化预警体系,及时反馈现场预算执行情况,为业务部门"把脉提醒",确保成本和时间匹配、业务费用合理确认。业务流程优化、反馈和审批及时,保障了现场预算资源的高效利用和业务的顺利推进。

经实践反馈和不断完善,表扬优秀、激励落后、促进各部门日常管理提升的分级分档预算管理过程评价机制已确立并初见成效,细化了成本管理颗粒度,提高了业务参与积极性,为公司经营相关决策和部署及时提供参考,进一步实现了公司业财融合。

同时,季度日常运维预算执行率处于合理区间的部门数量和预算执行金额均超过 2021 年同期,各部门成本管控意识和提升预算日常管理的主动性逐渐增强。

通过加强日常管控和动态筹划,公司实现了"预算资源灵活配置、成本指标总额不破红线、切实保障安全生产"的年度预算管理目标,保证了 DOAM 任务的按期顺利完成,助力单堆日常运维成本达标,2022 年单机日常运维成本为近三年最低水平。

追求卓越、精益求精,不断取得新突破,博观约取、厚积薄发,助推公司高质量可持续发展,我们从未停歇。

提质增效，精益化管理
五年攻坚行动谋新篇

精益化管理源于精益生产，精益生产是通过系统结构、人员组织、运行方式和市场供求等方面的变革，使生产过程中一切无用、多余的东西被精简，以达到降低成本、提升效率、提高质量和改善资本投入的目的。精益化管理是对精益生产的进一步丰富和运用，要求企业的各项活动都必须运用精益思维，核心就是消除资源（人、财、物、时间和空间）浪费，以最小资源投入创造最大价值。

从公司未来趋势看，日益增长的成本压力和逐年退坡的优惠政策意味着成本压降已不能简单停留在表面，必须应用精益化管理的思路与方法，即用三年时间深入挖潜，用两年时间巩固提高，开展精益化管理五年攻坚行动。根据公司年度工作任务总体安排，为有效运用激励手段激发员工开展增收节支工作的内生动力，公司财务部从精益化管理前期开展过程中出现的实际困难与挑战出发进行总结分析，研究编制公司精益化管理五年攻坚行动方案，并配套制定价值贡献评估激励原则和方法，力求创造稳中有进、进中提质的经营业绩。

财务标杆是如何炼成的
——红沿河核电站对标国际一流管理提升行动经验总结

一、总体思路及未来五年精益化管理目标方向

(一)总体思路

在电力市场竞争主体高度同质化且现货市场全面铺开的背景下,公司利润可持续增长的动力和源泉在降本,低成本已成为发电企业参与竞争的最大砝码,求新求变提高效益已成为根本出路。公司精益化管理遵循"提质增效、创造价值、持续改善、精益求精"十六字总体思路。提质增效重点在降本,创造价值重点在增收,持续改善重点在应用,精益求精重点在对标。

(二)未来五年精益化管理目标方向

经过前期的广泛沟通,从业务部门申报的攻坚行动中,总结归纳出公司未来五年精益化管理主要提升方向和预估量化目标贡献。具体精益化管理方向包括电量/电价争取、税务筹划、项目优化、技术创新、合同整合、效率提升等。

二、组织机构和运作机制

公司为提高组织机构效率和运作效果,同时保障决策的全面性、可靠性,因此建立精益化管理专项组,包括领导小组、工作小组、专项小组,以及设置运作机制,具体如下:

(一)领导小组

组长:总经理。

成员:总经理部各领域分管副总。

领导小组负责审议精益化管理过程中遇到的重大问题和关键事项,指导并监督工作小组、专项小组认真开展精益化管理工作,批准精益化管理五年攻坚行动方案、批准价值评估方法和激励机制等。

秘书单位:财务部。

(二)工作小组

组长:总会计师。

成员:各相关部门经理、法律审计部经理、人力资源部经理、各相关部门协调员。

工作小组主要协助领导小组统筹开展公司精益化管理工作,对专项小组提报领导小组审议事项进行初步审查,负责推动精益化管理各项工作顺利、及时、高质、高效开展,统筹编制精益化管理五年攻坚行动方案,制定价值贡献评估办法及激励机制,审议并批准专项细化方案,组织并推动精益化成果反馈及应用,根据领导小组批准的激励结果进行奖励和分配,负责日常协调等事务性工作。

(三)专项小组

按申报精益化管理五年攻坚行动方案的业务部门设置专项小组,原则要求部门经理为组长,小组成员为相关在编员工。

专项小组负责制定本部门精益化管理五年攻坚行动方案的细项方案,具体执行和落实精益化管理工作及各项要求。细项方案内容包括专项小组架构及运作机制、精益化方向、期望目标、目标贡献(量化/非量化)、主要措施、核心路径、主要节点计划、具体精益化项目等。

(四)运作机制

1. 运作频率

为保障精益化管理各项活动及时决策,精益化管理领导小组会议按年度召开,专项汇报由工作小组组长提议开展;工作小组会议按半年度召开或由组长提议召开,工作小组专项报告按季度汇总编写;专项小组运作由各小组据实按需安排,不做具体要求。

2. 会议内容

领导小组年度会议内容:批准精益化管理五年攻坚行动方案、批准方案修订(如有)、批准价值评估方法和激励机制、审议行动计划进展、批准价值评估结果、指导下一步推进方向并协调相关问题等。

工作小组半年度会议内容:编制或修订精益化管理五年攻坚行动方案、确定十大攻坚项目、确定评估方法和激励机制、汇总行动计划进展、确定价值评估结果、研讨重难点问题等。

三、精益化管理工作内容

突出效益这一"中心",抓住降本和增收"两个重点",运用对标、价值评估、激励机制、标准化"四类工具",确保精益化管理工作取得实效。

(一)精益化管理推进流程

(1)各部门组建专项小组,自主发掘并积极对标,以降本增收为出发点,明确精益化提升方向。

(2)针对精益化提升方向研讨、调研、对标,找到突破点和主要策略,并确定目标贡献金额。

(3)确定实现突破、落实贡献的举措与攻坚项目。

(4)确定各举措与攻坚项目的时间节点计划。

(5)专项小组编写形成各领域精益化管理细项方案。

(6)工作小组审核汇总各领域精益化管理细项方案形成公司精益化管理五年攻坚行动方案,确定十大攻坚项目。

(7)跟踪各举措与攻坚项目进展,适时开展价值评估,依据评估结果实施奖励激励。

(8)应用成果,全面推广,逐步落实标准化。

公司精益化管理流程如图1所示。

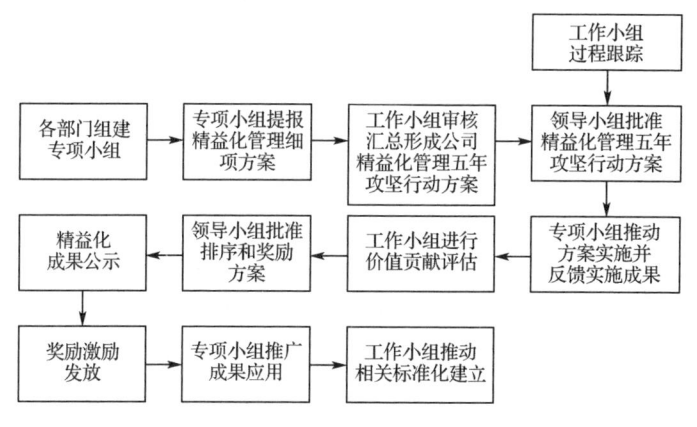

图1 公司精益化管理流程

(二)对标方法

专项小组在确定精益化提升方向、寻找突破点和主要攻坚项目时,应积极运用对标这一工具开展工作,确保最终的精益化管理五年攻坚行动方案具备充足的指导性与可实现性。

1. 活用"二八原则",合理选择增收节支关键项目、关键路径、关键因素,避免眉毛胡子一把抓。

2. 按"2W3H"方法具体开展对标,即"与谁对,对什么,怎么对,怎么赶,怎么应用"。

(三)价值评估

1. 评估基本原则

精益化管理涉及公司多个部门及不同部门的不同项目,需要根据实际情况设置不同的评估办法,为保证评估的客观、公平公正、科学合理,应遵循如下基本原则:

(1)定性与定量相结合的原则。精益化管理结果可能可以量化,如收益提高、成本降低等。也可能难以量化,如工作质量提高、员工能力提升等。对难以量化的,需要进行定性分析,总体上以定量为主,定性为辅。

(2)整体效益最大化原则。应用全价值流分析方法,从整个价值链全面分析效益贡献,避免顾此失彼,同时要考虑项目对安全、质量不利影响等一票否决事项。

(3)评估结果可验证原则。所有评估应明确评估指标和指标评价标准,其中定量指标要可计算或可追踪;定性指标通常比较主观,为确保定性分析的客观、真实、准确,一般需要采取问卷调查、访谈、现场察看、领导验证等辅助手段进行评价。

(4)适时或视情况引入外部评估机构、专家开展评估指导或评估结果论证。

2. 评估模型

根据上述基本原则要求,对产生量化价值贡献的精益化项目,初步建立直接增收、间接增收和直接降本三种价值评估模型,涉及需定性评价的项目根据实际情况由工作小组单独审定。

(四)激励机制

精益化管理是自我挖潜,不是任务承接,由各领域各部门在自愿原则下自主申报,重在跟踪推进,不设考核。所以,为持续有效激发精益化管理工作相关参与者的积极性和主动性,需配套建立长效激励机制。

激励来源:专项奖金。

激励对象:由工作小组每年末按价值贡献排序确定奖励领域及项目,报领导小组批准后对项目负责人及主要成员实施奖励。

激励方法:按照各项目实现价值创造金额确定总奖励基本比例,在总奖励基本比例基础上,设置难度系数,包括0.8、0.9、1.0、1.1、1.2共五档,难度系数按领导小组成员的定档打分结果加权平均取得。设置十大攻坚项目系数,属于十大攻坚项目范畴的,系数为1.1;不属于的,系数为1.0。

项目最终奖励比例=总奖励基础比例×难度系数×十大攻坚项目系数。

精益化管理五年攻坚行动期间的每年末,按该年末累计已实现价值金额×项目最终奖励比例计算得出该年末应落实的实际奖励金额。

综上,通过建立完善的精益化管理组织架构,明确总体思路后开展精益化管理五年攻坚行动,极大拓宽了各业务部门增收节支的思路,提升了参与价值创造的动力,增强了业财融合的紧密程度,为公司未来效益提升奠定了基础。

管理费用标准

公司总经理部坚持精益导向战略,在公司范围内倡导精益化、标准化理念,公司财务部积极响应并开展对于精益化管理的学习和实践活动,组织制定管理费用标准相关管理程序,对各项管理费用统一明确成本标准,实现成本管理的精益化、标准化管控,使公司在组织经济活动的过程中更高效地支配自己所拥有的预算资源,进一步提升公司经营管理水平,以适应激烈的市场竞争。

公司各项管理费用包括差旅费、业务招待费、会议费、咨询费、办公费、后勤服务费等项目,通过制定此成本标准,对各项管理费用中明细项目标准加以明确,进一步规范员工的行为,使员工在日常工作中实现凡事有章可循,加强公司的基础管理工作。

针对各部门差旅费、业务招待费、会议费、咨询费这四项费用,原则上规定各部门四项费用不超过上年实际与前三年平均的较低值,并针对差旅费、业务招待费和会议费分别制定对应管理程序,以规范员工境内、境外差旅费报销、业务招待费报销和会议费报销事宜。其中,在差旅费报销相关管理程序中,明确了差旅费开支的范围和标准,将差旅依据出差时间、出差地点和出差事项划分为境内短期出差、境内长期出差、大连市内出差、境外出差、境内会议或培训出差,并分别对以上几种类型差旅中涉及的主要费用,如交通费、住宿费、伙食费、公杂费和换乘费——明确报销标准。除此之外,对于股东方内部培训人员、技术支持人员或外聘专家等非公司员工出差、合同中差旅标准的签订、外部人员差旅标准等实际业务中可能发生的例外事项明确报销标准；在业务招待费报销相关管理程序中，规范了用餐、用车和住宿标准，以及对接待活动中可能涉及的纪念品事项加以明确；在会议费报销相关管理程序中，将会议活动分为 A、B、C 三大类，针对不同类型会议明确住宿、用餐等标准。

在各项管理费用中，通常差旅费、业务招待费、会议费、咨询费四项费用涉及业务部门最广，业务发生频率最高，大多数企业财务部对此制定了相关报销标准，而对于办公费和后勤服务费这两项费用，许多企业财务部忽略了对其报销相关管理程序的制定，而这两项费用通常在管理费用总额中占比最高。因此，红沿河公司财务部针对办公费和后勤服务费制定了成本标准、相关管理程序。

其中，针对办公费中涉及的主要业务：办公及配套设施装修、办公家具配置、办公设备与服务物资配置和行政办公物品配置分别规定成本标准，规定中要求办公及配套设施装修应遵循简朴庄重、经济适用原则，兼顾美观、地方特色。原则上不用超标材料，个别区域（如接待室、会议厅）可适当放宽；计算机房、档案库等应按行业要求装修。并分别列示不同办公区域办公用房内、走廊、会议室每平方米装修单价标准，同时明确自有办公用房和租赁办公用房各自重新装修应满足的条件。除此之外，对于办公家具配置、办公设备与服务物资配置和行政办公物品配置分别明确配置原则，明确规定不同类型会议室和不同级别办公室的办公家具数量、单价和总价配置标准，同时明确规定办公文具和办公用纸每人每

财务标杆是如何炼成的

——红沿河核电站对标国际一流管理提升行动经验总结

月定额标准。

针对后勤服务费中涉及的主要业务：宿舍装修和家具家电配置、交通资源配置、餐饮资源建设和物业服务标准分别规定成本标准。规定中明确宿舍每平方米装修单价标准，并针对不同类型的宿舍（单间、一室一厅、两室一厅）明确家具家电基础配置、可选配置和总价上限；明确公司各项交通资源配置标准，例如，交通用车购置或租赁标准、公务用车或经营和业务保障用车配置标准和人均用车成本标准；明确各项餐饮资源建设标准，例如，员工餐厅每平方米装修单价标准、人员配置标准和人均餐厅管理费标准；明确各项物业服务标准。规定中将物业服务区域划分为三大类：办公、住宿和公共区域，针对不同区域内涉及的不同服务项目，如保洁服务、维保服务、会议服务、绿化服务和安保服务分别规定价格上限。

通过对以上管理费用成本标准的制定，公司各业务部门相关经办人在业务执行过程中，可以依据统一的标准，促使业务人员在所执行的业务环节采取有效的管理措施开展标准化管理工作，以严格控制非生产性支出。公司财务部在制定此管理程序之后，除在相关业务报销工作中严格遵循管理程序中成本标准进行报销，还应在日常工作中负责监督各项管理费用的执行情况，并定期将执行情况反馈给相关业务部门，之后还需负责组织各业务部门开展差异分析，找出实际成本和成本标准之间产生差异的原因，将差异的分析结果形成结论性报告。业务部门依据分析结果进一步采取针对性改进措施，同时将此过程中遇到的问题和积累的经验及时反馈，巩固成绩或克服不足，实现成本的有效管控。

创新思维
战略引领

第四篇

标新立异
——电力营销中的财务创新

红沿河公司财务部与电力营销部配合紧密,在工作中整合双方信息,往往能碰撞出创新的火花,为公司带来增益。以下从电力销售企业所得税筹划、参股辽宁省电力交易机构、推动六机并价三项工作进行重点介绍。

一、电力销售企业所得税筹划

2019年,红沿河公司财务部联合电力营销部,根据企业所得税优惠政策退坡程度,在合法合规前提下,通过调节市场电在各机组间分布安排,实现企业所得税筹划,在集团内为首例创新。

下面从项目背景、项目过程、项目成果三个方面对企业所得税筹划工作进行总结。

（一）项目背景

企业所得税筹划方案的促成需要满足以下四项条件：

（1）依据《财政部　国家税务总局关于执行公共基础设施项目企业所得税优惠目录有关问题的通知》（财税〔2008〕46号）和《财政部　国家税务总局关于公共基础设施项目享受企业所得税优惠政策问题的补充通知》（财税〔2014〕55号），

财务标杆是如何炼成的
——红沿河核电站对标国际一流管理提升行动经验总结

公司按单机组享受企业所得税"三免三减半"优惠政策,至2019年1号机组已过优惠期,2~4号机组处于"减半"期。

(2)根据《财政部 国家税务总局关于严肃财经纪律严格增值税退付审核的通知》(财办税〔2018〕1号),2018年起单机组增值税核算中,进项税按公司整体核算,短期内不再涉及增值税缴纳及退税工作,公司在税务筹划工作中,应重点考虑企业所得税的影响。

(3)根据辽宁省电力公司要求,自2019年公司交易单元要"一分为三",即1、2号机组作为一个单元,3、4号机组各作为一个单元,市场交易将按单元进行安排(此前市场化电量在机组间加权平均分配)。

(4)随着电力市场化改革推进,辽宁省内市场化电量规模逐步扩大,公司市场化交易电量逐年提升,并且市场化电量价格有较大差异。

公司财务部统筹考虑了上述四个方面因素,创新提出了在不影响公司利润总额、机组运行方式前提下,通过调整不同电价市场电在机组间的分布,调节单机组利润,进而调控所得税优惠政策享受空间,实现企业所得税筹划。

(二)项目过程

项目思路于2019年1月31日被提出,在公司财务、电力营销两部门的紧密配合下,发挥干事创业敢担当的精神,至2019年2月14日确定成熟方案,全过程不超过七个工作日(跨越春节),并于2019年2月28日向总经理部正式汇报通过,开始实施。

项目在研究阶段共确定了四层递进的筹划方案,后续为

第四篇 创新思维 战略引领

确保筹划过程合法合规,公司决定采用第一层筹划方案,四层方案具体如下:

(1)优先采用1、2号机组单元竞价低电价市场电,市场电量在1、2号机组内加权平均分配。

(2)在第一层基础上,侧重将低电价市场电量配给1号机组。

(3)在第二层基础上,将1号机组计划电量部分转移至2号机组,增大1号机组市场电比例(2020年,2号机组政策到期,该层及第二层均取消)。

(4)1号机组市场电量进一步扩大,可行性低、税务风险高。通过发电权转移,将1、2号机组计划电发电权转移至3、4号机组,不影响公司总收入。

项目在公司财务经理部指导下,实施专项小组运作模式,由公司电力营销同事、税务同事、核算同事、项目牵头人组建。其中,电力营销同事负责接口辽宁省电力交易中心,是方案的实施主体;税务同事负责接口税局,是方案的政策保障主体;核算同事配合测算数据,是方案的量化评估主体;项目牵头人为方案发起人,总体协调推进方案执行。

在公司财务、电力营销两部经理的指导、支持下,项目内配合融洽、运作高效,发扬强烈的当责精神,以钉钉子精神抓工作落实。为抢抓年初首批次"煤改电"电量筹划,项目组在交易期限前两日电话请示公司总经理部同意,完成电量交易筹划,直接节约企业所得税约为100万元,此时距项目思路提出间隔不到十个工作日。后续项目组将继续保持"只争朝夕、奋发有为"的奋斗姿态和"越是艰险越向前"的斗争精神,

79

为公司经营贡献力量。

（三）项目成果

公司通过有效的电力营销交易，调节"煤改电"及"外送电"等低价电在机组间的分布，2019年，红沿河公司财务部为企业节约所得税为392万元，2020年实现节税1 210万元。

目前，一期工程四台机组已经度过所得税优惠期，二期工程5、6号机组还享受"三免三减半"优惠。后续市场电量在一、二期之间筹划工作将继续推动，整个项目收益可持续至2027年。

二、参股辽宁省电力交易机构

辽宁电力交易中心有限公司于2016年4月注册成立，辽宁省电力有限公司独资。为学习贯彻习近平总书记在深入推进东北振兴座谈会上的重要讲话精神、落实辽宁省政府关于深化电力体制改革的相关要求，辽宁电力交易中心有限公司在辽宁省政府的推动下，进行增资扩股。红沿河公司作为辽宁省内唯一商运核电机组、重要的发电企业，参股辽宁省电力交易机构对企业本身有着十分重要的意义。一方面是响应国家、辽宁省政府电力改革的号召，另一方面加入辽宁省电力交易机构，对于后续公司的电力市场营销工作也有潜在的促进作用，同时两大集团股东也支持红沿河公司积极参股。

在此背景下，2020年5月由公司财务部牵头，在完成内部总经理办公会报批、董事会/股东会决议手续后进场参与增资,以350万元增资款、占股比3.50%成为股东之一。红沿河公司也成为中国文核集团有限公司(简称中广核集团)内首个以增资扩股形式参与投资电力交易机构的核电企业。

2021年2月,为进一步落实中央精神,辽宁省电力交易机构股权结构进一步调整,国网辽宁省电力有限公司持有辽宁电力交易中心有限公司的股份由72.00%降低至40.00%,该公司在原有9家股东基础上新引入了3家企业,补充了新能源企业、售电公司和第三方机构股东,红沿河公司股份占比由3.50%提升至5.65%,公司派驻监事参与电力交易机构管理。2021年12月,辽宁电网大用户直接交易电量规模首次过千亿千瓦时,市场化率历史上首超50.00%,位居我国省级电网前列。红沿河公司也在电力改革浪潮中积极进取,财务管理也为电力营销工作提供有力支撑。

三、推动六机并价

由于辽宁省火电电价低于核电标杆电价0.43元/千瓦时,根据《国家发展改革委关于完善核电上网电价机制有关问题的通知》(发改价格〔2013〕1130号),红沿河公司各机组执行投产时火电电价,造成红沿河核电一期工程四台机组商运以来一度执行三个电价的情况(1、2号机组0.414 2元/千瓦时、3号机组0.386 3元/千瓦时、4号机组0.374 9元/千瓦时)。2019年,根据《国家发展改革委关于降低一般工商业电价的通知》(发改价格〔2019〕842号),借发电企业增值税下调电价让利契机,红沿河核电一期工程四台机组电价统一

财务标杆是如何炼成的

——红沿河核电站对标国际一流管理提升行动经验总结

调整执行 0.382 3 元/千瓦时，回归"一厂一价"。2021 年起，随着二期工程 5、6 号机组商运，执行火电标杆电价 0.374 9 元/千瓦时，红沿河公司又回到了一厂多价的情况。

一厂多价有很多弊端，由于电价存在高低差异，电网作为经营企业在电力供求不均衡情况下，进行核电机组调度时，会从自身经济效益考虑，优先低价调度，打乱核电原计划的运行方式，对机组核安全管理、大修换料管理均造成不利影响，表现在以下几方面：

（1）在核安全管理方面，核电机组运行方式的非预期改变，对堆芯安全、换料设计、核岛及常规岛设备性能等方面均会产生不良影响，降低了反应堆安全裕量；特别是在核电燃料循环末期机组非预期调整功率，易引起氙振荡，诱发堆芯功率畸变，增加了核失控风险，影响核安全，不符合国家安全稳妥发展核电的方针和"核安全是一个值得高度重视的国家安全问题，务必千方百计消除隐患"的重要指标。

（2）在大修换料管理方面，红沿河核电每台机组平均年度更换核燃料，并借机开展机组大修。单台机组大修涉及数十家外部单位、数千人的团体协作，工作计划基本提前一年就要确定，如果因运行方式调整造成大修计划改变，将产生广泛影响。

（3）在电力营销税务筹划方面，由于一期工程已经度过所得税优惠期，二期工程还享受企业所得税"三免三减半"政策优惠，一期电价高于二期电价，加权平均后更有利于充分享受所得税优惠政策，预估能带来数千万元的节税效应。同时，公司财务部也希望借并价契机，将原 1 号机组电价历史问题厘清,最大限度为公司争取利益。

另外,参考中广核集团内部情况,除红沿河核电、宁德核电,其余核电公司均为"一厂一价"。宁德核电前期也因多电价情况受到电网干预运行方式,目前,宁德核电已基本全部市场化,并且市场电价不受计划电价限制,已不存在影响。红沿河核电市场电价上限受到计划电价限制,并且每年也有较大份额计划电量,为避免电网对核电运行方式的非预期干预,并价是十分必要的。

公司财务部在2022年6月二期工程6号机组商运电价批复后,立即启动筹划六机并价工作,先后多次拜访辽宁省发展和改革委员会价格处,并正式发文表达诉求,并在中广核集团及国家电力投资集团有限公司股东方的支持下,通过中国价格协会积极推动并价,截至目前,此项工作还在稳步推动中。核电企业主动申请电价并价在全国属于首例,虽无先例,但只为公司利益,彰显了红核财务人的责任心和事业心。

守正创新
——大修成本核算资本化创新之路

"陈工，H105大修成本超预算金额，影响公司今年经营业绩。"

"陈工，今年大修成本超集团指标将会被考核。"

"陈工，我们预测明年大修成本与今年一样超集团指标。"

……

"好的，财务已了解情况，我们正在研究会计政策，拟将大修长周期检修项目资本化处理，正在与集团股份公司沟通。"

"张经理，我们红沿河公司财务部仔细研究了会计准则，大修长周期检修项目满足资本化处理的条件，我们计划后续按此核算办法做账务处理，已将资本化方案和范围发到您的邮箱，请您审核。"

"陈工，大修成本核算资本化国内没有先例，也没有会计准则明确说明，我们再研究一下。"

"陈工，经股份公司财务讨论确定，大修长周期3C及以上检修项目成本可以资本化核算。"

……

上述电话沟通只是大修成本核算资本化创新道路上的一个缩影。将压力转变为动力,从困难中寻找突破,看似简单的规则调整,背后是并不简单的深入研究和全力争取。

一、大修成本核算资本化的意义

随着我国核电事业的高速发展,核电企业大修成本管控日趋完善,作为核电行业财务工作者,应将大修成本会计核算再进行细化,以便更好地衡量每次大修是否安全、经济、可靠。目前,国内各核电企业每次大修长周期检修项目成本全部核算至当期成本,导致每次大修成本波动较大,掩盖了大修成本管控存在的问题,不利于核电企业成本精细化管控及电站之间大修成本有效对标。在这样的环境和背景下,我们提出大修长周期检修项目成本核算资本化建议,以期为核电大修成本精细化管理起到积极促进作用。

核电企业运营成本主要分为固定成本(核燃料、乏燃料、折旧摊销、财务费用、人工成本等),约占总成本的80%;可控成本(日常运维成本、大修成本、材料成本、管理费等),约占总成本的20%。目前,在核电标杆电价机制(部分核电企业电价成交价远低于标杆电价)及核电参与电力市场交易大环境下,核电企业要生存和发展,实质就是成本竞争,而成本竞争的对象主要是可控成本。其中,大修成本占可控总成本的35%,而大修成本中长周期检修项目成本约占大修总成本的30%。因此,大修长周期检修项目成本核算资本化会计处理将直接影响核电企业经营业绩。

同时，大修成本核算资本化有利于核电行业间相互对标，找出与先进核电企业的差距和不足，提出更有效的大修成本管控的方法；有利于企业经营管控，保持成本稳定波动，避免因长周期检修项目成本的增加带来不可控的经营风险；有利于优化大修成本，细化管理，为全面实现成本精细化管控、提升成本管理水平打下坚实基础。

二、会计政策依据

《企业会计准则应用指南》(2019年版)指出："企业发生但应由本期和以后各期负担的分摊期限在一年以上的各项费用应予资本化，作为长期待摊费用，合理进行摊销。"《企业会计准则讲解》(2010年版)第五章也有说明："企业发生的一些固定资产后续支出可能涉及替换原固定资产的某些组成部分，当发生的后续支出符合固定资产确认条件时，应将其计入固定资产成本，同时将被替换部分的账面价值扣除。企业对固定资产进行定期检查发生的大修理费用，有确凿证据表明符合固定资产确认条件的部分，可以计入固定资产成本，不符合固定资产确认条件的应当费用化，计入当期损益。"

目前，我国核电企业大修期间开展的成本核算资本化项目主要包括设备更新改造支出和特殊专项检修。其中，设备更新改造支出是指在大修期间开展的设备更新改造活动，替换的部件可以计入固定资产成本，同时被替换部件的账面金额应终止确认，折旧期限按照资产使用年限或者受益期确定;特殊专项检修是指大修期间发生的其他满足资本化要求的重大检修项目,可以参考设备更新改造支出进行资本化核算。

我们创新的大修成本核算资本化对象为核电企业大修2C及以上预防性循环检修项目发生的费用("C"是指核电企业成熟机组1个循环的换料大修,"2C"是指2个循环的换料大修,通常核电企业成熟机组一个循环周期为18个月,下文将"2C及以上预防性循环检修项目"统称为"大修长周期检修项目"),以往大修长周期检修项目费用在实际会计核算中一次全部进入当期成本。经研究相关会计准则,大修长周期检修项目发生的费用无论是按照"长期待摊费用,合理进行摊销"会计核算还是通过"固定资产后续支出符合固定资产确认条件时,应将其计入固定资产成本"来进行会计核算,均符合大修成本核算资本化的相关要求,不应一次计入当期成本。

三、积极求突破

首先,我们认真梳理了红沿河公司历次大修实际成本并预测了未来五年大修的成本数据信息,建立不同维度大修成本数据分析模型,综合分析拟订了四种资本化范围和三种资本化会计核算方案;通过模型将不同范围、不同方案对公司当年和后续年度生产成本的影响进行了分析。经测算,红沿河公司大修成本核算资本化后,未来五到八年每年可减少当期成本约为1亿元。

其次，我们积极与集团股份公司财务沟通研讨大修成本核算资本化的合规性，推动股份公司于 2020 年上半年发布了《核电厂大修材料费会计核算优化建议方案》，并推广至集团各核电基地参考实施。我们还及时编制发布了《大修长周期检修项目成本核算工作指引》，为红沿河公司该项工作的落地实施提供了更具操作性的指导。

最后，我们还积极与集团 SAP 专家沟通，共同完善大修成本核算资本化会计处理过程中伴生出的资产分类、相关会计科目维护工作，组织相关人员在 EP2 中进行测试，最终实现 SAP 大修成本核算资本化的账务处理。

四、创新结实果

2020—2022 年，我们已完成 11 轮次大修成本核算资本化处理，每轮次降低当年成本约为 1 亿元，保障了公司经营目标的实现。

大修成本核算资本化的实施，在公司经营管理和成本管控上实现了三个有利于，即：有利于核电企业间统一成本口径，便于横向对标，找出差距和不足，提出更有效的大修成本管控方法；有利于按照《企业会计准则》的规定，更加真实合理地反映年度成本费用，避免因长周期检修项目成本的增加带来经营成本大幅波动；有利于优化大修成本管理，实现成本精细化管控。

核电行业要持续健康发展，离不开科学技术的进步。目前，我国核电建造和运营日趋成熟，因此，在核电大修成本会计核算理论和方法中也应根据核电行业实际情况进行不断的创新和改革,在保证"安全第一、质量第一"的前提下,以成本管控为核电企业治理的核心环节,从而提升核电企业在日趋激烈的核电市场取得竞争优势。

"创新"之路虽不易,但我们始终坚信"创新就是硬道理"。后续我们还将继续努力创新,不断提高工作效率,使得来年的工作更加高效、准确。

规划先行，特色财务战略引领作用凸显

红沿河公司以"推进'两型两化'建设,实现'六机满发',成为国内核电标杆企业"为长期战略目标,并在此基础上形成了"精益管理,降本增效,夯实基础,健全机制,有效内控,防范风险,严慎细实,成为行业财务标杆"的稳增型财务战略。财务战略同时确定了未来五年的财务管理方向和财务运作目标,厘清了财务管理各阶段的工作重点和资源需求,并依据公司整体战略对未来趋势进行了预测,针对可能存在的风险采取了相应的应对举措。有利于各级人员全方位了解财务管理情况,有的放矢,夯实基础,展望未来,持续保持财务竞争力。随着近年来工作的不断推进,保证财务资源状况最优化和财务信息价值最大化的理念贯穿财务工作始终,具有红沿河特色的财务战略引领作用不断凸显。

公司财务战略依托卓越的绩效模式制订,从明确职责、收集要求入手。集团/董事会对财务工作的要求是"在合法合规的前提下,保障充足资金,提高营业收入,落实降本增效,提高经营利润;具备满足决策需要的财务分析能力;实时加强资产保值增值管理,注重风险防范";公司管理层对财务工作的要求是"在承接集团/董事会对资金、收入、成本、利润的要求基础上,加强经营预测准确性,提升财务分析有效性,合法合规开展各项财务工作"。据此,公司财务部以实现财务资源和财务状况的最优化,财务信息价值最大化为使命,以建立一流、卓越的现代财务管理体系为愿景,以"及时、高效、准确、合规"为价值观开展各项财务工作。主要目标为:营业收入、利润总额呈逐年上涨趋势;可控成本水平保持同行业领先;各月末资金余额充足;财务计量结算及时且财务工作符合各项法律法规要求。

为实现上述主要战略目标,公司财务部积极开展了一系列分析工作,从外部环境分析看,主要结论如下:

机会:电量消纳空间和方式逐渐多样化,有助于公司创新配置电量方案的测算与利润最优化选择;市场化电量份额加大有助于公司争取较大电量份额;核电行业相关优惠有利于提升企业经营效益;社会公众对核电企业的认可与信赖,有助于维护银企、政企、税企关系。

威胁:电力市场竞争加剧威胁,市场化电量竞争越发激烈;核电特有成本较高,降本增效压力逐渐加大;调峰辅助服务费呈上升趋势。增值税退税受政策解读、审核力度和地方财政影响,存在无法及时到账的情况。

从内部环境分析看,结合公司实际,主要结论如下:

优势:成本效益导向符合企业实际,有较好的引领作用;成本管控卓有成效,同行业处于相对较低水平。库存控制成果显著,集团内横向对标,库存较低;在财务管理各项子过程中均已建立业务与财务间的交流渠道;绩效指标分解、考核实现业务与财务的利益相关性;内部控制制度健全、流程完备;风险识别与应对机制运转有效。拥有良好的银企关

财务标杆是如何炼成的
——红沿河核电站对标国际一流管理提升行动经验总结

系,较好的获利能力,公司获得贷款的能力相对较高;人员结构合理,技能水平提升途径完备,具备优良的团队工作氛围;财务信息化工具丰富多样,对提升工作效率、收集财务数据、完善业务流程助力很大。

劣势:业财双方获取对方信息的及时性有待加强;业财双方相互理解对方诉求并达成一致的手段有待增加;偏高的资产负债率、巨额贷款所致的还本付息压力、贷款用途的限制不利于公司资金安排;财务人员负责自身工作外对应领域的技能和经验稍显不足,对核电一线生产业务的熟悉程度有待加强;对风险的敏感性不足导致识别不及时;对风险预案的更新频率不足导致应对不适宜。

统筹考虑机会、威胁、优势和劣势,开展 SWOT 分析如下:

依靠优势、利用机会扩大优势方面:继续提高深入挖潜成本能力,依托核电固定成本高、变动成本低的特点,全面参与各类电量消纳方式,以低价争取最大份额,进一步压缩竞争对手生存空间;依托现有税务优惠政策,建立税务筹划模型,依据公司经营的实际情况,实时测算最优税务方案,为公司创造最大利益;利用核电消纳有所保障的优势,精细安排资金结构,重点推进资金中长期筹措工作,进一步保障公司长期资金需求;利用社会公众对核电的良好印象,同优质银行建立长期战略合作伙伴关系;同税局等政府部门开展友好交流,争取政策支持;依靠财务人员业务水平优、信息化程度高、风险防范制度全的优势,连同营销部门一起开发"电量

－电价－效益－风险"信息化系统,在市场化竞争中实现快速、精益、可控的发展。

利用机会、克服劣势消除不足方面:利用核电行业全面发展的契机,依托集团冗余物资消纳平台,同集团范围内新建电站间建立备件互借机制消减库存;利用公司经营形势趋于好转的契机,全面梳理资产管理过程中的薄弱环节,结合清查盘点结果,建立资产管理监控考核机制,落实资产管理责任并实施奖惩;借电量消纳方式多样化的机会,以此为要求,建立"生产－销售－财务"间有高层参与的、固定且高效的沟通渠道,融为一体、抓住机会、迎接挑战。

依靠优势、回避和降低威胁方面:依靠成本管理优势,进一步寻找成本压降空间,消化平均电价下降带来的利润缩水;依靠健全的风险管理机制,从实时跟踪的电价和辅助服务费的变化趋势中识别风险,并按已拟订的完善预案及时加以响应。

减少劣势、回避威胁断尾求生方面:利用市场竞争激烈、成本控制压力大的契机,强化备件材料的审核机制,利用集团备件共享平台减少库存采购数量;由一把手主抓,公司生产部门牵头,财务部等各职能部门全面参与,启动并推进精益化管理系列工作,一举实现业财融合。

综上,战略目标的实现需要有相应的战略举措来支撑,公司财务部按照分析结论和总体战略目标制定相关战略举措见表1。

财务标杆是如何炼成的

——红沿河核电站对标国际一流管理提升行动经验总结

表1　　　　　　　相关战略举措

维度	序号	战略举措	关键绩效指标考核法（KPI）
财务	F1	创新配置电量与利润最优方案测算，开展调峰辅助服务市场项目研究	营业收入
	F2	加强成本管控，实现成本管理精益化	净利润、净资产收益率
	F3	保障利润总额的前提下，完善企业所得税税务筹划	度电成本
	F4	全方位加强成本管控，实现度电成本稳步下降	综合电价（含税）
	F5	积极与辽宁省发展和改革员会委等沟通，争取并价落地	资产负债率
	F6	优化债务结构，降低财务风险	
顾客市场	C1	上线全流程支付平台，提高支付效率	财务服务满意度
	C2	公司财务部向全员开展财务相关知识宣传、培训指导	
内部运营	I1	全方位加强资产管理力度，提升库存管理水平	单堆库存水平
	I2	以预算管理为抓手，压降成本，加大预算控制力度，月度进行预算执行预警，季度考核，减小预算偏差	预算偏差率
	I3	执行自管项目评审机制，严格审核立项、支付等环节	造价控制目标
	I4	合法合规纳税，在满足监管的情况下，统筹考虑，积极沟通，努力争取，合理安排退税计划及税务筹划	税款缴纳完成率
	I5	建立健全财务管理制度，夯实财务管理基础工作规范，实行全方位稽核制度	增值税返还到账额度
		建立风险特征库，识别重大风险，按月度汇报风险管控情况，对异常、偏差随时关注	重大风险发生率
学习成长	L1	财务信息化系统培训	岗位培训按计划完成率
	L2	业务培训，以考促学	
	L3	保证全员树立廉洁从业意识	廉洁从业谈话覆盖率100%

第四篇 创新思维 战略引领

公司财务部将始终坚持规划先行和战略引领,积极践行战略举措,有序推动各项KPI指标满足股东会/董事会和公司管理层的要求,在合法合规的前提下,保障资金充足,严格管控成本,提高营业收入和经营利润,保证财务计量结算及时准确,为实现公司总体战略贡献财务力量。

规范化开展工程改造项目财务管理，助力核能应用新场景

随着红沿河5、6号机组全面建成投产，为保持系统设备的持续可靠运行，确保安全和经营业绩的持续提高，电厂所开展的工程改造（工改）业务涵盖电厂各个领域，涉及专业面广且数量众多。2021—2022年，为适应工改业务新特点，高质量、规范运作工改业务流程，公司财务部通过持续探索和规范工改业务财务管理流程，深度参与重大技改业务，落实业财融合，全方位提升财务管理的效率和增加值。

一、理顺业务流程，做到工改业务规范化运作

通过与国内各主要核电基地进行同行对标，公司财务部升版生产资本性支出项目财务管理程序，对改造项目的界定、预算、立项、验收支付以及竣工财务决算等环节进行了规范。

针对改造与维护项目界限界定模糊的问题，通过与其他基地的对标，并参考会计准则有关资本化的定义，对电厂工改技改、土建改造、科研支出、信息化建设、小型基建和固定

资产采购的资本化标准进行了详细规范,为资本化支出项目成本规范化管理奠定了坚实基础。

针对工改项目"重业务、轻核算"的突出问题,公司财务部在程序中对生产资本性支出项目在项目投产(达到预定可使用状态)后,明确以表格等形式要求技术部门当月提交项目竣工决算相关技术资料和关键要素信息,作为成本归集的重要依据;并在程序中将生产资本性支出项目的竣工财务决算的良好实践予以程序化,对各项目在设计、采购、施工及调试等环节的合同等成本要素的归集方式、归集流程等进行了明确规定,做到成本归集无遗漏,财务决算及时准确。

在规范业务流程基础上,公司财务部加快对工改项目的系统梳理,做好改造成本的财务处理工作。

工欲善其事,必先利其器。为了实现有效对在建工程的管理,提高生产资本性支出项目的管理效率,公司财务部于2021年组织对SAP的在建工程科目统计进行了二次定制开发,从而使在建工程科目更加清爽、简洁且便于查询。

红沿河财务总账历时一期、二期及生产三个阶段且存在交叉重叠,前后历时将近二十余年,且随着二期分公司的设立,账目更加复杂。2022年,为了彻底厘清生产资本性支出项目的历史数据,经公司财务部系统梳理后,对沉淀多年的历史改造项目建立了包括改造项目全过程的历史信息数据库,涵盖2014年至今总计约为760项生产资本性支出项目的财务决算信息,确保各环节的成本归集全覆盖、无死角,保证改造资产价值的真实可靠性和追溯便利性。

财务标杆是如何炼成的
——红沿河核电站对标国际一流管理提升行动经验总结

二、深入现场调查研究,及时开展项目竣工财务决算

对于生产资本性支出项目,公司财务部要求业务人员定期走访现场,主动掌握改造项目进展信息,充分发挥财务监督职责。公司财务部通过对正在实施的 200 余项改造项目实施全过程动态跟踪,并对改造后的拆卸物资资产处置、改造剩余物资的退库管理等环节建立了跟踪机制,确保改造项目过程全掌握和各项管理过程闭环。在项目投运后及时组织开展项目竣工财务决算,实现了"当月完工、当月决算"的管理目标,进一步保证了资产价值的真实可靠性。

在实际操作中,公司财务部以生产资本性支出项目为切入点,对改造项目的设计、采购和施工以及调试的各项支出成本费用进行准确归集核算,并及时将相关成果体现到项目竣工财务决算中,提高财务信息可靠性。仅 2022 年度便完成了 198 项改造项目竣工财务决算,结转建设成本 2.98 亿元,涉及合同 328 份。

三、严格审查项目立项及合同支付,充分发挥财务监督作用

在立项环节,重点对项目必要性和立项额进行审核,并从项目技术方案以财务管理角度提出优化建议;通过同类项目单位造价指标对比分析,逐步建立和完善内部立项审核造

价信息数据库,在预算体系内逐步压缩不合理技术需求和立项估算额度。

在支付环节,严格审核合同支付,核对支付信息准确无误;强化业务控制,全面理解掌握重点合同信息,在成本控制过程中积极发挥人员专业优势,对重点项目的合同执行实行全程监控,加强工程价款结算审核,对里程碑执行情况、费用的结算、支付等进行了严格细致的把控,确保支付环节准确无误且合法合规。

四、深度参与重点工改项目,探索业财融合最佳方式

2022年,公司财务部参与审查了红沿河核能供暖示范项目、取水口优化(大围堰)、取水口拦污网三化、监督性检测系统前沿站建设项目等重大专项工程估概算及项目经济性评价,并推动技术部门在设计阶段固化技术需求,减少后续合同变更,力求做到设计阶段有效控制工程造价。

红沿河核能供暖示范项目是2022年红沿河公司重点任务。公司财务部在深入研究中广核集团有关政策基础上,组织与各方深入探讨按照科研示范项目进行差异化投资管理的可能性,从财务角度助力核能应用新场景,为后续重大改造项目的创新式管理探索了可参考的管理思路。

为支持红沿河核能供暖示范项目的投资决策,公司财务部在与技术部门持续复核相关技术参数基础上,参考设计院

完成的项目可行性研究报告,建立了完整的项目销售热价测算模型。目前,优化后的测算模型已在正在开展的核能供暖二期工程可行性研究工作中得到应用,为项目投资决策提供了有效支撑。

今后,公司财务部将组织开展中长期重大投资项目滚动规划的编制工作,从投资评审角度对重大生产资本性支出项目进行规范,贡献财务力量,为公司长期安全稳定和经济运行的投资决策提供有效的技术支撑,确保公司经营发展行稳致远。

业财融合 提质增效

第五篇

财务信息化建设

随着现代化科技及信息技术的迅猛发展,财务信息化已成为企业提升竞争力的重要手段。财务信息化的出现,为企业强化财务管理水平提供了条件,为财务工作中常出现的问题提供了解决工具。财务信息化最大限度地实现了纵向信息资源的对接和共享,使企业的管理工作不断地进步和完善。不仅利于企业资金的统一管理,还利于财务管理、财务监督。

财务信息化对企业具有重大的意义,因此要做到:

1. 规范财务核算和财务管理,善于使用科学合理的财务管理方法和先进高效的预算管理、财务成本控制管理、会计核算管理等多项财务信息化控制手段。

2. 有效进行财务预测,财务信息的信息量庞大,具有信息覆盖面广及信息流灵活快捷的特点,应提高企业对市场突发事件的反应能力,减少不利因素带来的损失,帮助企业做出正确的财务预测和判断,调整和改善投资决策。

3. 打破财务工作模式,对财务分析与核算工作提出了更高的要求。随着财务工作强度和复杂程度的提高,迫切要求企业建立由预算管理、成本管理、专项资金管理、固定资产和流动资金管理等组成的科学、规范的财务管理体系。

推进企业财务信息化建设是应有之义,其作用表现为:

1. 对经营提供决策支持。财务信息化手段的运用,将财

财务标杆是如何炼成的
——红沿河核电站对标国际一流管理提升行动经验总结

务软件与实际信息相结合，把众多单一的信息源整合成一个信息循环体系，有利于实现财务信息的高效集成，使财务信息为企业生产经营和企业其他业务领域的信息化提供基础和保障。

2. 提高财务人员整体素质。财务信息化建设，要求财务人员既要具备专业的财务知识，又要熟练地掌握计算机技术和使用财务软件，并且具有对管理层决策提供财务信息的分析技能。财务信息化建设有利于财务人员将管理技术与信息技术紧密联系起来，从而达到财务专业知识与企业最新经营管理理念的高度融合。

3. 为实现财务集中管理提供信息。财务信息化建设既可将公司分散、复杂的信息整合，又可发挥高效、实用的企业管理作用。企业财务管理的重点是资金管理，财务信息化建设可以做好资金融通，解决资金短缺问题，提高企业内部资金的使用效率。

4. 对财务经营决策进行有效的监督和控制。财务信息化建设可排除重大财务风险带来的隐患，控制投资、筹资的随意性，提高经济效益水平、竞争力，减轻财务人员的劳动强度、提高工作效率；节约资金成本、节省物料、降低交易成本；提高企业经营效绩，提高财务管理水平，促进财务管理现代化，对提升企业整体竞争力、发展战略具有十分重要的意义。

围绕 SAP 核心系统，建立"1+N"的框架模式，即在充分利用 SAP 基本功能的同时，扩展 SAP 财务功能，并外接 UPM 及其他业务协作管理系统，最终形成一体化系统。实现数据资源一体化维护管理，信息共享。SAP 平台用于核算、采购等基本业务处理，UPM用于业务审批、费用报销等业务流程处理，其他协助系统用于辅助业务处理、信息提取等使用。

财务信息化建设主要在多系统上展开，在系统内再划分不同功能模块对业务进行分类处理。主要包括基本的经营业务处理流程及经营信息支持、财务专业人员处理信息使用与管理、提升预算成本管理、财务核算、结算及税务管理的效率、精度、规范化程度，减少处理风险等处理流程。更贴合运营期业务流程的运转，将业务、数据、考核化分散为集中，提高自动化水平和准确性，解放手工行为，将财务专业人员的重心转移至管理分析。

预算编制实现按年度、成本中心、项目类别编制预算，年度预算进行分月，同时系统进行量价分离，业务部门申报工作量、合同采购部门进行配价。量价结合制定预算，提高了预算编制准确性、数据传递及时性，通过系统申报预算，减少工作量，提供分析对比。根据预算编制中按年度预算编制的项目明细，连接预算编制功能模块，在预算编制完成项目确定的情况下，倒排采购计划，录入拟启动采购时间计划，根据计划时间自动发起立项提醒，业务端收到提醒后发起立项。系统进行预算变更调整，根据系统发起或审批的预算变更，自动实现对项目预算进行调增调减，预算调整在系统中实现。在预算编制过程中，通过完善预算项目排序专家评审小组（Budget Review Group，BRG）评审决策机制，创新思路，首创BRG线上评分系统，对BRG评审工作流程进行优化，BRG采取线上评分＋线下评议方式，将线上评分环节网络

财务标杆是如何炼成的

——红沿河核电站对标国际一流管理提升行动经验总结

化,根据评分维度等方法全面设置线上评分系统,上线了BRG线上评分系统。BRG线上评分系统给评审工作方式带来较大改变,评委不必集中评分,可根据线上系统相关说明材料在工作过程中进行评分,工作时间得到充分利用。同时,可根据评分数据导出具体情况,极大提高评分数据梳理效率。BRG线上评分系统切合财务信息化的发展趋势,适应电子化时代的数据统计与分析,也为后继年度预算工作的优化开展提供了方向,奠定了基础。

通过SAP进行立项,业务部门根据采购计划发起立项,维护立项详细信息。将UPM采购申请审批流程外置于SAP,在SAP立项后,业务部门申请人在UPM端输入立项号获取SAP中相关立项信息并补充重要信息进一步核对,按授权逐级审批,上述流程完成后SAP审批流同步完成,采购申请完成后反馈至采购计划,确认采购计划完成情况。

业务人员根据项目情况及合同约定开展验收;在系统中对需要验收的项目进行验收,维护相关信息并进行量的核对,根据商务人员发起的UPM合同支付申请流程,财务业务人员进行相关敏感重要信息核对,价格、合同号、供应商收款账号、已结算金额等,核对一致提交至核算环节。在商务人员将结算材料提交至财务业务人员后,系统确认相关材料是否齐备、完整,无误后将纸质材料送至核算人员。核算人员根据支付申请流程流转情况,对接收到的相关支付申请材料进行系统结算并对结算相关材料进行系统确认、复核,确认后核算人员系统记账,在系统中核算形成费用。

各种业务信息机管理报表的查询、数据的输出。建立与其他数据信息系统的接口,制定各类管理信息报表,提供业务信息及决策支持信息,用于管理、考核、分析口径,加强系统间数据提取,减少人工梳理统计。公司财务部通过 WBS 改造,将核算单元继续划分,增加对应设备分类、对成本进行细化,确定管理口径,划分固定成本、变动成本、可控成本、不可控成本等多维度分类,通过分类将设备对应相关业务、合同有效衔接,便于成本跟踪分析,为决策提供支持。

公司财务部通过业财系统将业务管理、财务管理有效结合,以预算管理、商务流程、财务综合分析评价、运用成本作业法等财务管理方法作为切入点,分步实施,强化内部协调机制,加强财务、业务活动相互支撑、相互促进的工作关系;通过业财系统,公司财务部对多个系统进行高效整合,系统平台涵盖业务、财务、商务等多流程,提供统计功能、分析功能、审批功能等,对大数据进行有效分析以及灵活运用。

多个系统有效结合,在资源保障、监控指标考核、业财主被动关系、原则尺度把握等方面逐步推进、规范操作,将业财管理形成完整的闭环,加强业务、财务活动相互支撑、相互促进的工作关系。在满足公司生产成本精细化管理及公司扁平化管理需求的前提下,实现业务、商务、财务一体化的全过程管理。

优化报销工作，投用新版 UPM 流程

红沿河公司面临报销难问题，然而会计工作量已达到饱和，再增加会计人员非常困难，要想彻底解决报销难问题，只能从根本上改变报销流程。中广核集团是有现成经验可以借鉴的，该集团之前面临与红沿河公司一模一样的困难，但自从 2012 年上线了集团财务共享中心 UPM 流程，就解决了报销难问题。红沿河公司是两大股东等股比控股，财务保持独立，无法加入中广核集团财务共享中心，也就无法纳入其报销体系。是否可以不加入共享中心，仅仅使用共享中心流程？公司总会计师与财务部领导拓展思路，与共享中心沟通，让红沿河公司保持财务独立，仅使用共享中心 UPM 流程，会计与支付仍然由红沿河公司独立负责，解决了该问题。

红沿河公司原有流程就像骑自行车，从头到尾都需人工操作；共享中心 UPM 流程就像开汽车，系统自动运行，人工只需要把握方向。两个流程效率天差地别，操作方式也天差地别。UPM 流程植入后，人员岗位、工作内容会发生大幅变化，主要有以下几方面的挑战：

第一是流程运行方面。流程上线主要就是配置审批流，共享审批流逻辑与红沿河公司完全不同，各业务需要按照共享流程逻辑重新设定审批流。我们成立了流程上线小组，每

个流程由专人负责,每个人负责本模块业务流程的开发,与本模块主任确认审批流的修改。同时,测试环境可以运行其他成员公司审批流,通过参考其他公司审批流,结合红沿河公司自有特点,开发出合适的审批流。

这种大系统的投用,代码改变多、授权多,需要大量测试。测试存在多如牛毛的问题,每个问题都要与技术顾问沟通排期解决,等问题解决后再测试。而技术顾问工作繁忙,红沿河公司仅是其众多客户中的一个,每解决一个问题都要耗费大量时间。流程上线小组付出了大量努力,利用工作之余加班加点完成测试,每个流程的投用都是该流程负责人的功劳!

第二是合同采购部的配合方面。合同支付是一个复杂的流程,涉及与 ECP、SAP 多个系统联动,需要与合同采购部密切配合,而跨部门的配合存在难度,工作任务的分工、工作内容的承接都需要双方认可,但合同采购部人员任劳任怨,与公司财务部人员同心协力解决问题。每条测试都需虚拟一个合同交易才能创建订单,过程较烦琐,合同采购部人员创建了大量测试数据,使测试顺利完成。新流程增加了发票预制工作,每次发起报销均需进行发票预制,工作量较大,合同采购部人员承接了这部分新增工作量。同时,合同采购部还组织对大量合同进行了变更和历史数据维护,使合同支付流程最终实现投用。

第三是工作任务调整方面。收单、发票核对、归档这三个工作之前都由会计一个人负责,新流程上线后,只能拆分为不同人员负责。人员变动之后，工作内容及工作分工的调整较为复杂。

第四是发票核对方面。一是要保证月底 SAP 税额与发票认证金额一致，二是要确保已支付报销单的发票是通过税务认证的合格发票。但是发票登记与做账完全分开，核对责任不易区分。发票由多人登记变为初审岗集中登记，数量较多，税票登记信息容易出错。并且面临发票退回重开、已做账与未做账发票拆分等各种问题，对账难度大幅增加。税务岗无法区分哪些是已做账发票，无法及时认证需支付的发票，会造成报销已支付，但发票不合格又被税务岗退回的情况。

为了解决这些问题，我们尝试了很多方法，最终做到了月底 SAP 税额与发票认证金额一致。我们通过"谁易出错谁核对"的原则，确定了发票登记人（初审岗）作为税票核对责任人。同时，通过编制税票核对工作手册，细化了每一步核对操作，确保税票登记准确，月底 SAP 税额能与发票认证金额一致。通过初审岗加强发票审核、次日向税务岗移交当日收取发票，会计加强发票影像审核的方式，确保已支付的发票是合格发票。

收单通过在各模块设置初审岗解决了分工问题。

归档无法像共享中心一样设置专人匹配凭证，为了确保归档材料的准确性，采用了会计负责制方法。但是纸质材料全部在初审岗手中，且已做账与未做账材料混杂，很难分配到每名会计手中。通过为每名会计分配连续的 SAP 归档编码,初审岗按索引号匹配好 UPM 表单后,按照归档号将纸质材料移交对应会计。会计负责整理归档凭证,对凭证纸质材料的准确性负责。

第五是出纳支付方面。共享中心通过 UPM 与共享支付系统联动,实现电子自动支付。红沿河公司作为非共享单位,无法加入共享支付系统,只能与原流程一样通过出纳手动付款。这增加了出纳的工作量,原流程中出纳凭借会计制作的 Excel 支付表录入,核对纸质凭证支付;新流程出纳需根据 UPM 信息录入,核对 SAP 电子凭证,一旦 UPM 信息不准确容易造成出纳支付出错。我们通过编制工作手册,确定了会计及会计复核作为 UPM 支付信息准确的第一责任人。同时,要求出纳严格核对 SAP 电子凭证,加强出纳复核岗的审核,确保了支付准确性。

新版 UPM 流程投用后,核算效率和账务规范性得到超越性提升,解决了困扰大家多年的报销难问题。同时所有信息实现了电子化,为后续财务信息化工作打下了良好基础。

创新资产管理工作方法，深入实际，助推提质增效

资产管理是公司财务资产与造价管理的主要工作，主要任务是通过建立、完善资产管理体系，保证资产安全、完整，提高资产使用效率和收益，实现资产保值增值，防止资产流失，防范资产风险。在资产管理过程中，财务部对公司资产管理体系进行梳理，建立完善资产业务流程，逐步建立资产管理体系，并随着业务的深入不断创新资产管理方法和手段，对固定资产的购置、使用、清查、变动、处置等进行全过程管理，逐步完善资产管理体系。

一、资产盘点工作组发扬"螺丝钉"精神，夯实资产管理基础工作

在核电领域，哪怕是一颗小小的螺丝钉，都会起到很大的作用。而资产盘点，我们亲切地赋予它"资产清点官"的头衔，我们更应该发扬这种"螺丝钉"精神，通过实地盘点去了解资产的现存放地点是否准确，资产使用的状况是否良好，资产的数量是否账实相符等。

资产盘点工作组从成立以来，一直秉承着这种"螺丝钉"精神，夯实资产管理基础工作，确保公司国有资产安全完整。

第五篇 业财融合 提质增效

2020年,财务工作中的一项重要工作——资产盘点工作,终于被工作组按期保质保量地完成了。

资产盘点工作组于2020年1月制订了2020年度公司固定资产盘点工作计划,并按计划有序开展固定资产盘点工作。本次盘点有着盘点范围广、资产类别全、盘点位置散、接口部门多、盘点数量大等特点,给资产盘点工作组带来了不小的困难。组内人员本着"工作第一、保质保量"的原则,在不断开会讨论如何更好开展盘点工作时,优化盘点方式方法(如通过大数据网络监控线上盘点等先进理念),此项举措也得到了领导的充分肯定与表扬。

全年的资产盘点工作历经了四季,组内人员不会因为夏季酷暑炎热的天气而退缩,也不会因为冬季寒冷刺骨的冷风而胆怯。有的同事开玩笑说:"你们都快成了行走在电厂里带着相机做资产盘查的一道靓丽的风景线了。"虽然是句玩笑话,但是我们始终本着"工作第一、保质保量"的工作原则、保持"认真严谨"的工作态度,在核电现场及核电大厦逐一盘点核对并及时记录盘点时所发现的问题,全面核实各资产的盘盈盘亏情况,确保资产相关数据的真实可靠。

2020年,资产盘点工作组全年共完成了行政类资产564项(车辆62项、消防资产66项、厨房资产132项、行政后勤资产304项)、电子设备类资产1 833项(在用类资产1 528项、库存类资产249项、工业计算机56项)、一期构筑物及改造建构筑物类资产78项、一期四台机组在线设备类资产1 949项、工器具类资产597项、生产物资类资产347项,全年盘点资产数量共计5 368项。

财务标杆是如何炼成的
——红沿河核电站对标国际一流管理提升行动经验总结

资产盘点工作组也正是凭借着这种"螺丝钉"精神,在资产管理工作中,无论是大事还是小事,每一名成员都会认真对待,互帮互助,尽全力把事情做好。财务工作无小事,财务人员会一如既往地把事情做细,细中有稳,稳中才有胜,为后续提高资产管理水平奠定坚实的基础。

二、瞄准资产管控目标,逐步提升管理质量,向财务标杆迈步前进

"不积跬步,无以至千里;不积小流,无以成江海。"我们坚信,心中秉持"螺丝钉"精神,当收获来临的那一刻:

总有一朵花会向你绽放,

总有一丝笑会给你鼓励,

总有一束光会为你照亮。

有了财务标杆目标,我们秉承吃苦耐劳的"螺丝钉"精神,通过不断磨炼,进行工作创新、精益化管控、业财融合等,逐渐夯实资产管理这种坚实工作基础。

(一)精心筹划,及时完成 5 号机组商运资产暂估转固

红沿河二期工程 5 号机组于 2021 年 7 月 31 日结束满负荷 168 小时试运行,具备商运条件。总结、借鉴一期竣工决算经验,固化工作成果,提前策划 5 号机组商运资产暂估、转固工作,组织专业处开展暂估资产复核盘点,核实房产信息,及时完成 5 号机组资产清单复核,为暂估工作奠定基础;按照《股份公司核电项目竣工财务决算制度》等要求,红沿河公司对截至 5 号机组商运时已达到预定可使用状态的资产

进行了全面梳理、归集,编制了《二期工程5号机组及公用设施资产暂估报告》;借鉴一期资产编码创建及编码规则,研究会计折旧政策,策划5号机组商运资产暂估主数据设立及折旧参数设置,执行公用资产折旧生产、基建分摊原则,于商运当月完成5号机组及公用设施资产暂估转固工作。

(二)夯实资产管理基础工作,提高资产质量

组织开展公司资产清查盘点工作,创新盘点工作流程,建立盘点启动会机制,推行模块内全员参与盘点,固化盘点资产抽取方式,以会计报告期为盘点基准日、简化盘点工作报告,提高盘点工作效率。资产盘点工作组发扬"螺丝钉"精神,克服困难,主动返回现场,及时完成资产盘点工作。2021年,按计划完成盘点资产数量5 473项,确保公司资产安全、完整。

(三)服务基层,业财融合,取得实效

与服务处开展盘点工作交流,与信息文档处开展IT资产管理工作交流,组织落实资产盘点后续工作,取得实效。

借鉴对标其他核电基地好的做法,沟通服务处相关专业,落实公司财务部优化工器具领用赔偿建议,及时升版《工器具管理赔偿细则》,有效规避资产损失。

针对资产清查盘点工作中发现的问题,为了更好地宣传固定资产管理工作,规避资产丢失管控风险,公司财务部联合信息文档处开展资产领用、转移、保管等业务宣传活动,在HON网滚动业务宣传栏里增加资产管理业务宣传图片及链接,增强每个固定资产领用人的资产管理意识。

(四)创新工作方式,切实提高工作质效

创新资产查询功能下发各部处资产协调员工作方式,及时准确提供资产实物台账,强化资产归口管理。创建、维护SAP资产主数据22 929项、资产业务台账19个,使资产价值管理落到实处。

为加强公司资产管理工作,公司财务部采取定性和定量相结合的方式修订了资产考核细则,按照制定的评分标准,按季度、年度对各资产使用部门及归口部门进行考核评分,通过考核办法的实施进一步提升了资产管理水平。按照公司综合监督考核体系资产管理考核要求,每季度末对资产管理基础工作提出考核评价,完成2次考核,促进各部门提高资产管理的主动性。

(五)实施精益化管理,科学合规调整产量法折旧参数

按公司精益化管理要求,将公司折旧与摊销费用与其他基地进行对标分析,根据对标分析结果,全寿期计划电量不同将影响产量法折旧费用。公司市场营销部结合年度目标及长期市场需求增长和能源结构调整,全寿期预计2021年以后平均每年上网电量在315亿千瓦时,因机组大修窗口的不确定,个别年份上网电量会出现变动。

根据集团及公司相关会计政策,产量法折旧依据的全寿期规划计划电量已经发生变化,需对折旧参数会计估计进行修订,采用未来适用法,使会计估计真实、可靠。公司财务部在取得折旧参数调整政策支持的前提下,沟通公司决算审计事务所,取得一致意见后,与市场营销部制定折旧参数调整

工作建议。公司市场营销部编写2021年以后规划电量调整说明,公司财务部依据说明调整产量与2021年以后全寿期规划电量,科学合规完成折旧参数调整。

三、创新资产管理工作方法,逐步达到预期目标

公司财务部多年以来通过对资产管理工作方式、方法的不断创新,以及与各部门的通力协作,逐步达到预期目标。

(一)盘点方式显优化,保障资产全覆盖

为了进一步落实对固定资产盘点方式的有效改进,2022年,公司财务部资产与造价模块采取了通过在GDAS系统发备忘录通知归口部门自查盘点,并要求归口部门以系统备忘录正式回复自查结果的方式,优化了盘点方法并取得了显著成效,保障了资产的全覆盖。

归口部门自查及反馈方式的改进,首先,大大提高了归口管理部门对资产管理工作的重视程度;其次,反馈结果能在文档系统中随时调取,方便整改问题的跟踪;最后,自查问题项作为财务部抽盘的重点,优化了盘点范围,确保了资产账实相符,为落实资产管理责任提供有力保障。

每一项资产的主数据就是资产的状态反馈,而资产的状态反馈又是资产管理的重中之重。在后续工作中,资产与造价模块会继续优化资产盘点方式,确保资产安全,为高效的资产管理提供有力保障。

（二）管控资产报废全流程，发挥职责促实效

在核电领域，资产数量大、使用频率高等因素难免会造成资产实际使用寿命缩短的现象。为了更好地确保管控资产报废的全流程，公司财务部通过资产与造价模块严格审核把关拟报废资产是否达到报废标准，细化流程、发挥职责，提高资产报废管控的实效性水平。

针对拟报废资产，资产与造价模块的资产管理员会现场盘点核实拟报废资产的具体使用情况、现阶段所处状态等，通过认真了解及核对拟报废资产的真实情况，协助确认《报废鉴定报告及处置建议》《资产价值（复核）清单》处置材料原件是否符合资产处置要求，符合要求后留存并扫描上传UPM资产处置流程。后期UPM资产处置流程审批后会通过系统模板自动生成结转固定资产清理凭证，并反写到SAP中，由业务主管进行凭证审核，最后由扫描岗统一整理打印资产处置凭证并归档。资产报废全流程管控到位，各岗位审核严谨，确保公司资产报废处置合法合规。

（三）梳理资产编码，提高资产管控效率

固定资产立项采购前需先给资产编码，但因多种原因，已立项采购的固定资产没有继续采购，导致这些资产编码处于闲置状态，占用编码资源，致使资产数据冗余，不利于资产管控效率提升。2022年，公司财务部梳理出2020年以前已有资产编码但还未到货验收的固定资产共计369项，通过逐项细致核实，其中有154项不需要继续采购（215项保留，继续采购），后续逐步将这些闲置资产编码用于新的资产中，提高资产信息准确性和管控效率。通过本次资产梳理经验反

馈,公司财务部定期梳理空号资产编码的工作,同时要求专业不继续采购资产时实时反馈给公司财务部收回资产编码,从而及时有效地提高资产管控的质量。

保证国有资产的安全稳定一直是资产管理的首要任务,公司财务部通过资产与造价模块对资产进行的一系列流程管控,不因任务重、数量多而胆怯,只为做好财务基础性工作而努力。长风破浪会有时,直挂云帆济沧海。资产与造价模块党员攻坚队会继续以饱满的工作状态,针对每一项资产的稳定、每一项数据的准确、每一笔业务的合规而努力奋斗。

公司资产管理工作随着公司全面商运、资产数量不断增加,还有许多需要改善、提高的空间,资产管理在创建对标世界一流管理、提升行动财务管理标杆的路上永不止步,我们秉承严慎细实的工作作风,务实、严谨地做好资产管理工作,为实现企业愿景和使命做出贡献。

特色党建
相融并促

第六篇

不忘初心,牢记使命
——红沿河公司财务党支部自述

2022年,红沿河公司财务党支部在公司党委的正确领导下,在支部委员、全体党员和群众的支持和配合下,紧紧围绕年度责任目标,严格落实支部工作主体责任,加强党的建设,不断促进党建与业务工作的深度融合,较好地完成了各项工作任务。

一、2022年履职主要情况

(一)理论学习

红沿河公司财务党支部共19名党员(含1名预备党员),3名积极分子,在编员工32人,党员占比约为59%

1. 按照"四个有没有"标准落实"第一议题"制度

全年召开14次支部大会,12次支委会,严格落实"第一议题"制度,第一时间组织传达学习贯彻习近平新时代中国特色社会主义思想主题教育、习近平总书记重要讲话精神等内容。

2. 严肃党内政治生活,规范"三会一课"、民主评议党员

考学结合,以考促学,全年开展两次党建理论知识闭卷考试，考试内容围绕党的十九届六中全会精神和党的二十大精神等考点，不断提高支部全体党员政治理论水平。巩固和深化"不忘初心、牢记使命"主题教育成果，推动习近平新时代中国特色社会主义思想往深里走、往实里走、往心里走，使部门全员增强"四个意识"、坚定"四个自信"、做到"两个维护"，自觉履行职责使命，服务公司发展。

3. 持续学习贯彻党的十九届六中全会精神

支部把学习贯彻党的十九届六中全会精神作为一项重大政治任务，通过周密部署、组织集中学习、个人自学等方式加强部门全员对党的十九届六中全会精神的领会和学习。

4. 研究部署学习宣传贯彻党的二十大精神

为全面学习领会党的二十大精神，必须坚持全面准确，深入理解内涵，坚定拥护"两个确立"、坚决做到"两个维护"，提高全体党员的思想认识、政治站位，组织支委会研究制定了学习党的二十大精神工作台账，共计19项。

(二)党建工作

1. 提高基层组织建设质量

全面贯彻执行党中央决策部署和贯彻落实"中央企业党建创新拓展年"专项行动要求，推动支部建设规范化，严格党员管理，抓好入党积极分子思想建设，规范党员发展工作。2022年，公司财务党支部1名发展对象发展为预备党员，另有3名积极分子，参与组织生活，做到规范、引领思想。计划2023年发展3名发展对象、4名积极分子。

2.理论实践相结合,开展主题党日

为学习贯彻党的十九届六中全会精神,增强支部的凝聚力和战斗力,推进党史学习教育走深走实,支部组织全体党员及积极分子开展"观看红色电影《长津湖之水门桥》和参观大连中华工学会旧址纪念馆红色教育基地"主题党日活动。

3.夯实党建基础工作

严格落实《中国共产党国有企业基层组织工作条例》《中国共产党支部工作条例》,开展党建交流,学习优秀支部党建经验。与公司人力资源党支部、培训党支部、生产服务党支部、电力市场营销党支部开展党建交流。

打造"走出去"特色品牌,与财政部大连监管局、大连市税务局、瓦房店市税务局等政府机关开展党建共建,加深政企互信,助推业务开展。

4.融入中心工作

党支部融入中心工作,定期召开支委扩大会议,模块主任以上全部参加,对部门内"三重一大"及其他重要工作进行研讨。开展党员责任区活动,优化改善宣传阵地。

公司财务部以"助力公司建设世界一流核电站贡献财务力量"为战略目标,形成"精益管理,降本增效,夯实基础,健全机制,有效内控,防范风险"的稳增型财务战略。2020年以来,财务管理战略理念已逐步渗透全员,围绕公司中心工作,具有红沿河特色的业财融合、战略引领作用不断凸显,在预算、成本、资产、资金、税务、内控等方面均有创新举措,在"创收入、降成本、保价值、防风险"方面均有突出贡献。2022年,

红沿河公司成为集团财务管理领域唯一获评标杆的企业。

5. 党建创新

在党建创新方面,组织召开支委扩大会议,就如何做好支部工作、如何创新性开展支部工作出谋划策。具体如下:

✤ 打造特色品牌:打造"走出去+请进来"特色品牌,与财政部大连监管局监管一处、辽宁省发展和改革委员会价格处、大连市税务局货劳处、瓦房店市税务局等政府机关开展党建共建,加深政企互信,助推业务开展。

✤ 搭建共建交流平台:借鉴山东核电、华能石岛湾核电、国核示范电站的优秀财务管理经验,提升自身财务管理水平,积极开展党建共建交流,搭建共建交流平台,签署了党建共建协议书,后续定期开展党建共建交流活动。

✤ 开展乡村帮扶活动:为进一步密切联系群众,促进公司与地方乡村和谐稳定,为群众办实事、切实解决群众难题,红沿河公司财务党支部联合红沿河镇党委、瓦房店市税务局直属二所、红沿河镇农业银行对红沿河镇开展"迎七一,财税金融助力乡村振兴活动"。

✤ 开展乡村扶贫活动:支部全体党员自愿捐款1万余元,成立"支部帮扶贫困学生专项基金"。自2020年起,对广西壮族自治区百色市凌云县览金小学的3名瑶族贫困单亲家庭留守儿童进行对口帮扶。支部利用党员捐款,持续关注、激励、帮扶3名学生成长。2022年,购买冬季衣物、学习用品及教辅等,助学支出1 864.20元。

• 帮扶辽宁省瓦房店市红沿河镇达营村2名贫困学生:将达营村2名贫困学生纳入"支部帮扶贫困学生专项基

金",根据学生学习生活情况提供经济上帮扶,并制定对这2名困难学生的持续帮扶措施。2022年帮扶支出2 000元。

• 帮扶辽宁省阜新市彰武县大德镇受灾村民:彰武县大德镇是辽宁省发展和改革委员会长期以来的对口帮扶村镇,2022年夏季韩家村遭受了重大水灾。红沿河公司财务党支部牵头电力市场营销部等7家党支部,即刻响应,组织捐款7万元,同时还资助1名贫困大学生学费1万元。

(三)工建团建工作

积极参加公司组织的各项活动,并在相关项目中取得了优异的成绩,如乒乓球赛团体季军、职工篮球赛团体亚军、健身操团体赛亚军,跳绳比赛、羽毛球比赛、拔河比赛、飞盘比赛优秀奖等。

对内组织开展了丰富多彩的职工文体活动,如趣味篮球运动会、花蹊徒步活动、羽毛球、乒乓球、跳绳等竞技类活动。工会年初制订了暖心主题工会活动计划,全方位关注员工工作和生活的方方面面,努力为员工做好事,解难事,送温暖。

对外与中国建设银行大连市分行开展了滨海公路徒步活动,组织财务、人力资源、系统设备分工会篮球友谊赛,组织财务、信息文档分工会篮球友谊赛。这些活动有效活跃了职工业余文化生活,增强了部门凝聚力。同时,还开展了各具特色的送温暖活动,如生日慰问、生病住院慰问等暖心活动。2022年,公司财务分工会在支部的领导下,较好地完成了各项工会工作。

(四)保密工作

强化保密安全意识,促进业务技能提升。支部贯彻落实中央关于保密和信息安全工作的决策部署,确保不折不扣地贯彻执行《中华人民共和国保守国家秘密法》和《中华人民共和国网络安全法》,进一步提升全员的保密和信息安全意识和技能。年度累计开展保密培训3次,通过考试宣贯、支部书记讲保密党课、观看保密警示教育片等形式的活动对员工进行保密教育,让员工牢固树立敌情意识、风险意识和责任意识,切实防范失泄密风险。2022年,公司财务部保密工作完成情况良好,未发生违反公司保密工作细则的事件。

(五)廉洁从业教育

加强反腐倡廉学习、坚定信念:在学习中,将理论与实际相结合,将反面案例与正面教育相结合,大力提高自我约束能力和自我警醒能力,不断增强新时期自身拒腐防变的能力。

健全谈心谈话制度:不定期开展谈心谈话活动,落实责任人谈话制度,建立廉政预警机制,对发现的苗头性倾向及时予以指出,帮助改正,加强对制度执行情况的监督检查。

积极开展警示教育:定期组织开展廉洁教育主题党日活动,如参观日俄监狱、服刑人员的现身说法等,使每名党员心灵再次得到洗礼。

二、查摆和解决问题情况

(一)上年度查摆问题的整改情况

上年度支部在融入中心工作上,做出一定成绩,但还有很大进步空间,在党建与业务融合、促进中心工作上,支部还

有待提高。本年度红沿河公司财务党支部率先成立4支党员先锋队,确定4项党员攻坚项目,均取得了实质性成果。具体如下:

成果1:拓宽融资渠道,融资成本创新低

- 集团公司内首家公司债券发行,发行额度为50亿元,首次发行金额为5亿元,发行期限为270天,发行利率为2%,节约财务费用近3700万元。
- 完成一、二期银团贷款利率调整及补充协议签署;为集团内首家完成银团重组,公司综合资金成本率由4.06%下降至3.82%,创历史新低,当年可节约财务费用近1亿元,全寿期可节约财务费用近20亿元。

成果2:抓机遇,破危局,退税业绩创新高

- 实现增值税退税和核电人才财政奖励资金到账,创历史新高。

成果3:攻坚克难求突破,砥砺奋进勇争先,高质量落实专项行动

- "过紧日子"压降目标值为0.44亿元。
- 全年压降值为0.72亿元,主要压降类别为差旅费、培训费、后勤服务费、环境绿化费。

成果4:高质量完成6号机组资产暂估,二期竣工决算审计工作有序推进

- 对公司财务部重点敏感岗位、廉洁风险点及管控措施重新梳理修订,重点敏感岗位新增5个,针对风险点的管控措施更加细化,可操作性更强。

财务标杆是如何炼成的
——红沿河核电站对标国际一流管理提升行动经验总结

• 2022年10月12日,公司财务党支部全体党员开展廉洁专题组织生活会,开展批评与自我批评。

• 10月20日,公司财务部全体员工赴瓦房店市监狱开展廉洁从业教育活动。

• 10月25日,总会计师及支部书记开展廉洁从业专题党课,公司财务部全体员工参会。

(二)本年度查摆出的主要问题

支部理论学习开展不够深入扎实,支部部分党员理论素养、思想意识有待进一步加强,下一步将重点督促党员对理论知识的学习。

廉洁从业工作不够系统全面,防控手段有待丰富。

另外,主题党日开展还需进一步创新,加强理论与实践的结合,提高党员参与度和获得感。

三、改进思路和措施

(一)抓实理论武装,铸牢政治信仰

加强理论学习,注重学习实效,以考促学,不流于形式,切实加强党员对理论学习的重视。不断加强与优秀党支部的党建交流学习,鼓励党员讲党课,积极邀请公司宣讲团持续宣贯党的二十大精神主题党课和引入优秀党课。

拓展廉洁从业教育方式,组织其他核电集团兄弟电厂在财务领域共同开展党风廉政建设交流,开展财务领域廉洁防控研讨会;统筹现有内部审计、外部审计、内部稽核、综合监督等多重手段,形成一体化的廉洁从业防控机制。

(二)加强党建交流,促进共同提升

为促进公司财务部中心工作,增进公司与地方关系,2023年,公司财务党支部在2022年党建共建的基础上开展与驼山乡党建交流(乡村振兴),开展与大连市公安局经侦支队金融党支部党建共建活动(廉洁从业),开展与辽宁省电网公司财务党支部、鞍山宏成供电公司、财务党支部三方党建共建等活动(电费结算)。

为了弘扬革命精神、赓续传承,公司财务党支部接受红沿河镇的邀请,2023年参与乡村历史展馆的策划编撰工作。

在乡村振兴方面,公司财务党支部结合辽宁省内成功经验,与红沿河镇政府初步探讨后,计划2023年协助试点村研究引入微风发电项目的可行性及经济性,并将其作为2023年支部党员为周边群众办实事的重点工作。

(三)强化责任担当,增强底线意识

提高政治站位,强化责任担当,要勇于攻坚克难,高标准、高效率、高质量地完成各项工作任务。同时要深刻认识到,作为支部书记,支部"第一责任人",要对党风廉政建设负全面责任,后续将定期组织召开全部门党风廉政建设学习,常态化开展警示教育、谈心谈话等活动,从而打造一支信念坚定、敢于担当、清正廉洁的过硬队伍。

春风化雨，温暖人心
——财务分工会工作剪影

2020—2023年，财务分工会在公司工会的正确领导下，在公司财务部领导和全体员工的大力支持与配合下，切实履行职能，充分发挥桥梁纽带作用，为部门营造出和谐向上的文化氛围，让每名员工都切身感受到温暖与关怀，推动了公司财务工作的有序进行。

一、积极开展文体活动，提高部门凝聚力

为了不断提高部门凝聚力，鼓舞员工的工作斗志，激发员工爱岗敬业的工作热情，丰富员工的业余文化生活，财务分工会每年组织开展丰富多彩的文体活动，尤其是一年一度的读书分享会，已经成为公司财务部的特色主题工会活动，得到了公司领导的高度赞扬。此外，还有形式多样的体育活动，在锻炼身体的同时，也为大家的业余生活增添了一抹亮色（图2～图15）。

第六篇 特色党建 相融并促

(a) 文澜阁开展读书分享活动

(b) 开展户外趣味读书分享会

▲ 图2 一年一度的读书分享会

133

财务标杆是如何炼成的
——红沿河核电站对标国际一流管理提升行动经验总结

▲ 图3 联合中国建设银行大连市分行共同组织滨海公路徒步活动

▲ 图4 公司财务部获得红沿河核电第十一届职工乒乓球赛团体季军

第六篇 特色党建 相融并促

▲ 图5 职能部门联队获得职工篮球赛团体亚军

▲ 图6 财务、合同、工程联队获得2022年红沿河核电健身操团体比赛亚军

财务标杆是如何炼成的
——红沿河核电站对标国际一流管理提升行动经验总结

▲ 图7 联合培训部举办滚子大赛

▲ 图8 与合同分工会联合举办"合力同心,降本增效"滚子大赛

第六篇 特色党建 相融并促

▲ 图9 联合人力资源部共同举办趣味乒乓球活动

▲ 图10 仙浴湾森林公园徒步活动

财务标杆是如何炼成的
—— 红沿河核电站对标国际一流管理提升行动经验总结

▲ 图11　金石滩海滨徒步活动

▲ 图12　徒步参观公司取水口活动

第六篇 特色党建 相融并促

(a) 财务分工会合影留念

(b) 比赛颁奖仪式

▲ 图13 财务分工会举办的体育竞技对抗赛

财务标杆是如何炼成的
——红沿河核电站对标国际一流管理提升行动经验总结

▲ 图14 联合纪检审计分工会举办花蹊"寻宝"活动

▲ 图15 联合人力资源部、系统设备部共同举办篮球友谊赛

第六篇 特色党建 相融并促

二、深化政治学习,提高员工政治素养

为提高员工的整体素质、深化政治学习,财务分工会联合公司党支部,积极组织开展员工思想政治学习活动,2022年财务分工会重新修葺部门职工书屋,定期补充党史、廉政书籍,联合公司党支部,以党小组为单位,组织职工研读习近平总书记系列讲话和习近平新时代中国特色社会主义思想,为员工树立正确的世界观、人生观和价值观,坚定理想信念提供帮助(图16~图17)。

▲ 图16 财务分工会职工书屋

财务标杆是如何炼成的
——红沿河核电站对标国际一流管理提升行动经验总结

▲ 图 17　职工书屋一隅

三、注重业务能力提升,开展全员技能竞赛

为提高员工的业务知识水平,2022年组织开展业务技能竞赛,竞赛的内容主要涉及财务日常工作业务知识、SAP运用知识、保密及相关最新会计准则,考验了会计、税法、财务管理、经济法等相关业务知识。通过业务技能竞赛,公司财务部全体员工的整体业务能力得到了提升,并起到了良好的促进作用(图18)。

第六篇 特色党建 相融并促

(a) 职工知识技能竞赛宣传海报

(b) 获奖人员

▲ 图18 职工知识技能竞赛宣传海报和获奖人员

四、关心员工生活,组织暖心系列活动

本着"真办事、办实事"理念,财务分工会于2022年初制订了"暖心"主题工会活动计划,暖心活动主题标志为鹅毛,寓意为千里送鹅毛、礼轻情意重,全方位关注员工工作和生活的方方面面,努力为员工做好事、解难事,送温暖(图19~21)。

暖心活动计划如下:

1. 每名会员生日当天财务分工会送蛋糕。
2. 三八妇女节慰问。
3. 五一、十一、春节等节假日对加班员工进行慰问。
4. 过年期间不能回家的员工,财务分工会为其准备年货。
5. 会员结婚、生育、住院或子女考大学,在公司工会慰问基础上,财务分工会额外慰问。
6. 不定期开展夏季送清凉、冬季送热饮活动。
7. 鼓励会员积极投身工会活动,按季度评选财务分工会积极分子并赠送纪念品。
8. 对于领口罩、领物品、会员搬宿舍、换卡位之类情况,只要会员有需求可随时提出,财务分工会都将协助解决。

第六篇 特色党建 相融并促

▲ 图19 生日慰问

财务标杆是如何炼成的
——红沿河核电站对标国际一流管理提升行动经验总结

▲ 图20 为不能回家过年的同事送上新春慰问

▲ 图21 按季度评选财务分工会积极分子并赠送纪念品

附 录

附录 1

风雪夜归人[①]
——记公司财务部经理孙瑞兴

"大连市气象台发布暴雨黄色预警,预计未来 2~6 时降雨量将达到 50 毫米以上,请注意加强防范。"2020 年 11 月的一天早上,公司财务部经理孙瑞兴刚到办公室,手机里就弹出天气预警信息,而他前一天刚和财政部大连监管局的领导约定,今天要去大连市对红沿河二期增值税返还方案审核的最后几个问题进行说明。如果今天不能去当面沟通清楚,接下来一段时间监管局领导因工作安排将去外地出差,方案最终敲定并获得认可的时间无法确保,年内增值税返还是否能落地实施就将存在变数。

事不宜迟,将部门工作安排妥当后,孙经理顾不上天空已经凝结的密布乌云,拿上已经翻阅无数遍、精心准备的说明材料,亲自驾车赶往大连市内准备汇报。

深夜 12 点,红沿河现场已经重归夜的宁静,生活区人员也已进入梦乡,一号岗的警卫正在查验放行一辆刚刚驶回的小车,开车的是刚与财政部大连监管局完成增值税返还方案所有问题沟通、解答,并最终获得全面认可的孙经理。

[①] 撰写人:周嘉伟。

财务标杆是如何炼成的
——红沿河核电站对标国际一流管理提升行动经验总结

多少事,从来急;天地转,光阴迫。一万年太久,只争朝夕。

一、积极谋划,敢想敢为

2019年9月,孙经理工作调动至红沿河公司,随即开始对财务业务的痛点、难点进行全面了解和分析,考虑如何让财务部为公司创造更大价值。经过密集调研分析,他提出通过设立二期分公司并争取增值税返还的目标于当年9月底经公司研究后正式确立。

目标虽然定了下来,但在当时没有人知道这件事能不能办成。设立分公司并不是一件简单的事,增值税返还方案是否能得到认可,公司外部与各级政府、主管部门、监管机构不知道要经历多少轮的沟通、汇报、协调,公司内部可能涉及的流程改造、数据治理、分工协作等,光是想一想就足够让人打怵。

千里之行,始于足下。孙经理了解到国内某核电公司曾经有过设立分公司的先例,便通过各种渠道与其取得联系,希望能学习对方经验,找到一条通往目标的正确路径。之后的一年多时间里,孙经理带领公司财务部人员在二期分立和增值税返还的道路上,百般谋划,勇往直前。

二、披星戴月,身先士卒

在二期分立和增值税返还工作中,孙经理始终冲在与大连市和瓦房店市两级市政府、两级税务局、两级财政局、财政部大连监管局、辽宁省财政厅、辽宁省审计厅、辽宁省电力交易中心等十多个部门沟通的第一线,以虚心的态度、真诚的交流、细致的努力,消解了历史原因导致的误解,逐渐扭转了被动不利局面,赢得了各方信任,创造了十分难得的良好外部氛围。局面的打开、信任和支持的获得,并不是几次简单的例行工作汇报就能实现的,而是不知道多少次直至深夜才忙完回到宿舍,用了不知道多少个周末、节假日加班工作并联系各方、沟通汇报,才逐渐实现的(图22)。

▲ 图22 2020年2月3日,孙瑞兴经理在现场安排、督促各项工作

2020年,孙经理本有20天的年假,但直到年底他也仅休了短暂的2.5天,其余17.5天全都奉献给了忙碌的工作。

三、不畏艰难，咬定目标

要将一期已经交出去的增值税及附征退回，还要在二期分公司成立后，一期总公司申请增值税退税，在政策监管严格等诸多困难的情况下，难度可想而知。

"设立二期分公司、一期总公司"实现增值税返还的方案，从2019年10月第一版开始，历经了长达十几个月的反复沟通、论证、核查、修改，直至2020年11月才最终获得财政部大连监管局全面认可，并在此基础上于2020年12月收到第一笔增值税退税，年初制定的目标得以全面实现。在这漫长的争取过程中，财政、国库等各方面条件都在不断变化，各部门的要求也在随时调整，每一步向前、每一个环节的推进，都存在不可控的风险，而这一切都在孙经理带领的财务团队咬定青山不放松的不懈努力中，一个个突破，一件件落地。

困难重重的，不只是这一件。

红沿河公司曾于数年前为某核电公司进行了人员培养，按照合同约定应收的培训费因发票邮寄遗失问题中断，经过多次沟通协调仍未能就解决办法达成一致，培训费多年无法收缴到账。

红沿河公司与某通信公司之间因双方对账不准、长期逐月结转等情况，收付款金额与发票金额始终未能统一，问题持续多年难以解决。

红沿河公司向地方政府争取设立的"核电人才财政奖

励",近两年的奖励资金未能如期到账;原有的返还政策已经到期,是否还能争取到政策延长,为员工谋得实实在在的福利?

财务工作涉及大量的法律法规、数据票据、凭证编制等,基础工作是否到位?相关材料是否完备?核算结果是否准确?这些多如牛毛的细节需要通过会计稽核来进行内控监督。但稽核工作量巨大,各公司通常采用抽查方式开展,如果想确保万无一失就必须100%稽核,针对稽核发现的问题进行100%整改,才能实现财务工作质量质的飞跃。如此大的工作增量,如何落地实施?

在坚信办法总比困难多的执着下,在遇到问题不回避、一步步坚决向前的钉钉子精神里,曾经似乎无解的问题,在2020年的366天里,就这样被一桩桩、一件件破解了。

四、凝聚人心,关爱员工

"一个团队的成功,绝不是某几个人的努力就能实现的,我们要成为一个有凝聚力、战斗力、归属感的团队,大家要心往一处想,劲儿往一处使。"孙经理在与各模块的团建活动中,多次向大家表达这个期望,他也正是通过身体力行的实际行动,来促进团队的建设。

凝聚力不是说想有就能有的,战斗力也意味着每个人都需要更多的付出,归属感与集体荣誉感紧密相连,这些目标如何实现?无论多忙,他都一定抽出时间定期与各个模块员

财务标杆是如何炼成的
——红沿河核电站对标国际一流管理提升行动经验总结

工开展业余活动,与大家在活动中放松身心,在放松的氛围里交流谈心。工作日晚上的打乒乓球、打篮球、打滚子,周末的滨海徒步、登山等,他与员工的空间距离近了,心理距离也近了,大家越来越清楚地认识了部门的工作目标,越来越清晰地知道了自己可以做出的贡献,也越来越有激情、有干劲。

这一年多的时间里,他与部门内每名员工都逐个进行了单独谈话,了解大家对工作的想法、生活上存在的困难,持续关注和帮助部分员工调整状态,使其融入组织成长。

组织发展方面,为了在各项工作中激活新思路,寻找新方法,他充分结合骨干人员的特点和特长,勇于担当,对公司财务部四名模块主任进行了整体轮岗。这次轮岗不但给每名主任提供了更加宽广的学习成长空间,也为各方面业务提升带来了新的视角和活力,得到公司党委的认可与表扬。

党建方面,他积极牵头党员先锋队建设,指导党务公开栏、党员之家、支部荣誉墙等宣传阵地设置;他充分总结自身多年工作经验,结合十余个鲜活典型案例,通过专题党课讲授如何"想干事、能干事、会干事、干成事、不出事";他充分发挥党建带工建、团建作用,在部门内营造起了团结一心向前进的积极氛围。

五、不计得失,不负重托

为了工作,孙经理开着已经用了十多年、行程三十多万千米的小车,常年奔波于红沿河现场、瓦房店市、大连市等各个需要他去沟通,去推动协调的地方;为了工作,他和爱人山东、大连两地分居,一年也见不上几次,有假期也休息不上;为了工作,他也无法更多在患病卧床的老父亲床前尽孝……

这样的努力,这种程度的付出,为了什么?他说:"公司安排我负责这方面的业务,我就得不负重托、不辱使命。"

2020年,一年的忙碌和辛勤终结硕果,在孙经理的带领下,公司财务部取得了不错的成绩,得到了公司的认可,也进一步激发了部门全体员工的奋斗热情。

雄关漫道真如铁,而今迈步从头越。未来还会有一个个的风雪夜,还需要继续攻坚克难、不舍昼夜,还必须日夜兼程、风雨无阻。孙瑞兴经理在路上,公司财务部在路上,红沿河公司也在路上,进无止境。

附录 2

红财精神，薪火相传

立足人工成本，贡献红财力量[①]

最近几年，我发现部门有了很多的变化，变得比以前更秩序化、更团结，各个岗位和部门更系统、更正规。

由于岗位变动，我接管了人工成本工作，面对新岗位、新业务，我有针对性地学习了工资等政策，提高了政治思想觉悟，培养了良好的职业道德和敬业精神。同时，我积极向同事学习经验，多问多想多做，做好反思和总结，在实际操作中提高自己的业务能力。在领导和同事的精心指导和热情帮助下，我很快熟悉了业务流程和工作方法。对于人工成本中稍复杂的业务，我仔细研究政策，反复向领导和同事请教，确保审批工作有理有据，不出差错。

我平时经常翻阅与财务相关的书籍，留心财务工作的发展状况，切实提高自己的理论知识与业务技能，对于交给我的专项工作，例如，债权债务清理，我会积极主动联系离职人员、人力资源、信息文档等相关部门清理2006—2015年未清

---

① 撰写人：宋小丹。

项,梳理明细账1 500多条,查阅归档会计凭证200多份;贸易信贷统计调查(国家外汇管理局系统维护),因钩稽关系较复杂,每月需要提取大量数据进行计算分析并在国家外汇管理局系统填列相关信息;主动寻找差异率大的原因并与相关部门及国家外汇管理局做好沟通,最终将差异率控制在20%以下。

因社会保险、工资、个人所得税等特殊性,每次留给我检查、做账的时间很短,必须要准确无误、加班加点完成。新工作岗位对我来说,确实具有很大的挑战性,但在领导的理解与支持下,以上各个阶段本人对于时间的分配基本实现了既满足工作需要又能兼顾家庭。在人手严重不足的情况下,我在做好自己本职工作的同时克服困难、任劳任怨,在未接触过的新领域保质保量完成模块内其他员工的工作,自觉服从领导的安排,努力做好各项工作,确保资金到位,及时还贷,核算准确,支付无误。

这几年的锻炼激发了我在工作上夯实基础、在业务上钻研上下大力气更进一步的决心和斗志。在完成以往延续工作的基础上,希望迎来更多的挑战与机遇!

乘风入海,向光而行[①]

时间飞逝,转眼间我已经来到公司半年了,在短短六个

---

① 撰写人:马璎。

财务标杆是如何炼成的
——红沿河核电站对标国际一流管理提升行动经验总结

月的时间中,我从刚开始的懵懵懂懂,到现在逐渐熟悉自己所在的模块所处理的事务,也光荣从一名团员转变为了入党积极分子。在这个过程中,我见证了我们部门一步步拿到财务标杆的部分经历,同时也学到了许多学校书本里不曾涉及的知识和技能,这些对我来说弥足珍贵。

入职前,当收到通知看到自己被分配到辽宁红沿河核电有限公司的时候感觉很惊喜,这也是我人生中第一次来到北方城市独自生活,一切都充满了未知和挑战。人力资源部的同事帮忙联系去医院体检等事务,同模块的同事特意从现场开车把我从大连市内接到了基地,财务分工会的同事更是独自帮我把新员工入职的用品搬到了宿舍。此外,预算模块主任还特意在我来到基地的第一天就带着我熟悉了基地的环境,认识了同部门的同事,大家都非常友好地表示了欢迎,这一切都让我感受到了公司的温暖,也对自己未来的工作和生活充满了期待。

入职后,公司财务部的领导和同事都很照顾我,无论是在生活上还是工作上,都给予了我极大的帮助。在工作中,我的岗位隶属于预算与成本模块,第一次接触实务,有诸多的不熟悉,过程中也遇到了很多的困难,比如我是第一次使用 SAP 和 UPM,对这两个系统的操作都不是很明白,是预算与成本模块的领导和同事手把手不厌其烦地带着我慢慢熟悉了一段时间后,我才逐渐了解我负责的业务是怎么操作的。在日常生活中,领导和同事也对我这个财务新人很照顾,聚餐、活动以及过节的福利,一个都不会少,整个部门像一家人一样，非常和谐友爱。我正期待通过好好学习，尽快帮大家分担一些工作。

我们部门能拿到财务标杆这一荣誉，背后不仅有公司、部门领导的大力支持，更有每名同事的拼搏进取，大家用实际业绩展现了红核财务人的精神风貌。于我而言，在正式入职前，我曾给自己定下几个目标，首先是要严格要求自己，每天按时上班，正确处理工作和私事的关系，不要因个人原因请假或耽误公司正常的工作。其次要努力学习，加强自己的专业知识储备，同时严格遵守公司的规章制度，团结同事，积极配合工作。最后是尽量在工作领域做到精通，为公司做出自己的贡献。入职半年，我一直谨记上述原则，与部门同事友好相处，即便有时在工作中出现小失误，也会马上与同事沟通更正，虽未完全实现最开始制定的目标，却也在努力朝着成为一名合格的红核财务人努力。

目前，我主要负责的工作是一部分处室的日常运维，严格把关每个项目的预算申报和成本控制。成本控制被经济学家誉为"第二只看不见的手"，是一个企业发展的心脏和灵魂。在财务部经理和预算模块主任致力于加强预算管理与成本控制的方针下，我们模块的工作稳步开展，成本管控不断精益化、多元化，这都离不开我们模块各位同事的共同努力，大家对待工作严谨细致的态度，给我树立了极好的榜样。我同时也负责了研发支出费用化的部分，既可以帮助公司在所得税汇算清缴时享受加计扣除，还可以在公司申请高新技术企业时使用。由于科研项目整体在我们公司还处于初步

财务标杆是如何炼成的

——红沿河核电站对标国际一流管理提升行动经验总结

发展阶段,许多事情都没有可供参考的先例或者规范化的制度条款,但好在之前负责该项工作的同事十分认真负责,大家一起摸索探讨,从细节做起,不断总结经验,才能做到尽善尽美。

在不断学习的这六个月中,我始终记得最艰难的就是2022年底,各个项目的合同订单都进入年底计提以及验收的高峰期,公司业务部门和财务部都面临着人手不足的问题。当时,公司出台了很多新政策,如:在宿舍远程办公,分流上班等措施来保障员工的健康和安全,确保各项工作有序开展。在具体的工作中,与各个部门协调员纸质文件的交接变成了一个很重要的问题,于是大家排除万难,轮流在办公室值班,在人员不足的情况下,能够按照轻重缓急妥善处理各项工作,最终顺利完成了年底财务的各项工作,这种锲而不舍的精神激励着我砥砺前行,使我更加努力认真对待工作,也让我明白了为什么我们部门能够被评为财务标杆。

除了日常工作,我们部门的业余生活也十分丰富,自我入职以来,先后参加了财务知识技能大赛、乒乓球友谊联赛、其他形式多样的体育活动以及一系列的党建活动。在锻炼身体的同时,也为我的业余生活添加了一抹亮色。此外,公司财务分工会在2022年初制订了"暖心"主题工会活动计划,例如,在三八妇女节给女员工赠送鲜花和礼品。2023年的三八妇女节,就收到了财务分工会主席给我们买的小熊花礼物,让我在这个特殊的节日多了一份仪式感,感受到了公司财务分工会的温暖。

六个月的试用期转瞬即逝，马上我就要转变为正式员工了，总的来说，我已经逐渐适应了现在的工作和岗位，也顺利地从学生转变为一名工作者。要做一名合格的会计工作者并非我以前想象得那么容易，作为一名财务人员，要随时保持警惕，红线意识要高，业务处理要细，对政策变化的认知更是要及时。初入职场，需要学习掌握的知识还有很多，我感觉自己就像一块海绵，每天都在吸收新的知识，不仅要通过理论联系实际夯实自己的专业知识，还要抽出时间学习其他部门的相关知识。千里之行，始于足下。公司给了我们很好实现理想的平台，我会继续向公司财务部的前辈学习，争取早日成为一名合格的红核财务人，为公司的未来发展添砖加瓦。